# 小学生

# タカハマ先生の

# なやみの不《ふ》思《し》議《ぎ》

## なやむほど強くなれるのはなぜ？


花まる学習会代表

高濱正伸



実務教育出版

# 小学生
# タカハマ先生のなやみの不思議
# なやむほど強くなれるのはなぜ？

# はじめに

この本は、先生やお父さん・お母さんの話を聞いていて、「ほんとかな？」とか「うるさいなぁ」と感じはじめている、10歳《さい》から中学生くらいのキミたちのために書いています。

大人への反発や疑問《ぎもん》は、一見よくないことのようだけれども、実は成長《せいちょう》している証《あかし》です。「哲学《てつがく》」のスタートだし、大人の入口に立ったということでもあるんだ。

ぼくは、長年学習塾《がくしゅうじゅく》という世界でたくさんの生徒《せいと》たちの成長《せいちょう》を間近に見てきて、この「哲学《てつがく》のスタートの時期」に、「適切《てきせつ》なアドバイスが案外不足《あんがいふそく》しているな、本当は大事なのに」と感じてきました。

哲学《てつがく》や生き方に「正解《せいかい》」はないのだけれど、だからこそ多くの先輩《せんぱい》に話を聞くこと、特《とく》にきれいごとではなく本音を聞くことが、おもしろいし大事です。

自らの哲学《てつがく》を持つために、具体的にはどうすればよいでしょうか。
ぼくは、こう考えています。
①日々の生活のなかで「ん？」と引っかかることを大切にする。できればメモしておく。
たとえば、学校などで、ふと「なんで必《かなら》ず働《はたら》かなければならないんだろう？」と思いうかぶことってあるよね。それを流さないで、メモにして情報化《じょうほうか》しておく。
②そのことについて、考えぬく。自分で本当に納得《なっとく》できるまで、考えつづける。
③日記に書く。書くことは、考えを深めます。日記がよいのは人に見せるものではないので、本当に裸《はだか》の自分でいられることです。

他人に言えない自分の弱さや欲《よく》の深さなど、逃《に》げずに直面する機《き》会《かい》にもなります。

④友だちと話しあう。自分と異《こと》なる他人の意見を聞くことは、驚《おどろ》きがあることも多く、考えが深まります。大いに議論《ぎろん》しましょう。ぼくも高校時代に、夜が明けるまで友だちと人生について語りあったことを覚《おぼ》えています。

⑤本を友とする。特《とく》に古典《こてん》といわれる、歴史《れきし》を勝ちのこった書物には、学ぶことが多いです。「大切な言葉だな」と思ったら、書きだしてまとめておくと、あれこれの場面で、「ルソーが『エミール』のなかで言っていますが……」というように使えるし、それは魅《み》力《りょく》と力になります。

さて、この本は、ちょうどみんなくらいの年齢《ねんれい》の子からもらった質問《しつもん》に、ぼくなりの答えを語る形式で構成《こうせい》されています。

くりかえしますが、絶対《ぜったい》の正解《せいかい》ではなく、ぼくなりに経験《けいけん》を踏《ふ》まえたうえでの回答です。参考《さんこう》になるとうれしいです。

単《たん》に答えるだけでなく、みんなも書きこんで考えを深めてもらえるように工夫《くふう》もされているので、たくさん書きこんで考えてみてください。

この本を読んだキミの人生が、輝《かがや》かしくすばらしいものになりますように。

２０１８年６月

花まる学習会代表　高濱正伸《たかはままさのぶ》

もくじ

小学生
タカハマ先生のなやみの不思議《ふしぎ》
なやむほど強くなれるのはなぜ？

装丁／坂川朱音（krran）
イラスト／佐藤おどり
本文デザイン・DTP／ISSHIKI（川野有佐）

友だちがたくさんいていいなぁ
ずっと親友だと思っていたのに、別《べつ》の子にとられちゃった……
ずっと親友でいたい！どうすればいいのかな？
クラスに友だちがいない……。どうしたら、友だちってできるの？
クラスの人気者のあの子。友だちになってみたい！

## Q 親友をつくるには、どうすればいいですか？

# Q 親友をつくるには、どうすればいいですか？

A

「どうやったら友だちがたくさんできるんだろう？」「あの子みたいになれば、友だちが増《ふ》えるのかな？」なんて、ぼくもなやんだ時期があったなぁ。

ひとりでいる自分を、まわりのヤツらはきっと「友だちがいない、寂《さび》しいヤツ」と思っているに違《ちが》いないって決めつけて、廊下《ろうか》をあてもなくブラブラ歩いていたこともあったよ。

それまでは、ひとりぼっちでいようが、まったく平気だったのに、急にまわりの目を意識《いしき》して、「こんなふうに思われているんじゃないだろうか」と思いはじめる。

これは、キミ自身が成長《せいちょう》しているからに他ならない。難《むずか》しい言葉でいうと、「自我《じが》の芽生《めば》え」の時期といって、キミが健全《けんぜん》に成長《せいちょう》している証拠《しょうこ》だよ。きっとみんな、平気そうに見えても、キミと同じようになやんでいるだろう。

では、「親友をつくるには」というキミの質問《しつもん》に答える前に、「友だちをつくるには」どうすればよいか考えてみよう。

手っ取り早くいうと、「こんなことをやってもらったらうれしいな」と自分が思うことを相手にすること、そして、「こいつと友だちになりたいな」と人から思われるように、自分を磨《みが》きつづけるということだろう。


たとえば、遠足で「あ！　ヤバイ！　お弁当《べんとう》を食べるとき、ひとりぼっちになっちゃうかも！」って焦《あせ》ったとしよう。そんなとき、キミならどうしてほしい？

きっと「一緒《いっしょ》に食べよう！」って声をかけてほしいと思うんだ。

そうならば、声をかけてもらえるのをじっと待つのではなく、キミが「一緒《いっしょ》に食べよう！」って声をかけちゃえばいい。

「友だちになりたいな」って願《ねが》うのならば、自分から「友だちになろうぜ！」って声をかけちゃえばいい。

勇気《ゆうき》がいることだと思うけれど、そんなふうに「エイヤ！」ってちょっぴり勇気《ゆうき》を出して一歩をまず踏《ふ》みだしていくことで、そこからの人生が大きく変《か》わっていくと思うよ。

そして、その関係《かんけい》が長く続《つづ》くように、一生懸命誠実《いっしょうけんめいせいじつ》に行動すること。

「キミと私《わたし》は一生親友だからね～！」ってきずなを確《たし》かめあっているというのは、重いと感じちゃうけれど、「これからも友だちでいつづけたい！」って思ってもらえるようにするには、やはり努力が必要《ひつよう》。

といっても、「約束《やくそく》は守る」「相手の気持ちを考える」など人として当たり前のことが、結局《けっきょく》は大切なんだけどね。

つまり、「こういう人になりたい」という思いを明確《めいかく》にし、そういう人になるために自分を磨《みが》いていく、ということに尽《つ》きる。

さあ、キミはどういう人になりたいかな？

## キミはどんな人間になりたいかな？

どんな姿《すがた》？

友だちがたくさんいる？

優《やさ》しい？

勇気《ゆうき》がある？

思いうかぶ言葉をさがして書いてみよう

## こんな自分に近づくために今日できることは何だろう？

**たとえば…** 友だちが困《こま》っていたら「大丈夫《だいじょうぶ》？」と自分から声をかける。

**たとえば…** 近所の人に自分から「おはようございます」とあいさつをしてみる。

**キミの考え**

いいね！

## こんな本もあるよ！

『びりっかすの神さま』岡田淳《おかだじゅん》／偕成社《かいせいしゃ》
『あのときすきになったよ』薫《かおる》くみこ作、飯野和好《いいのかずよし》絵／教育画劇《きょういくがげき》
『それいけズッコケ三人組』那須正幹《なすまさもと》作、前川かずお絵／ポプラ社

まずはきっかけから

## こんな話題もあるよ！まずは話しかけてみよう！

| | | | | |
|---|---|---|---|---|
| 誕生日《たんじょうび》 | 好《す》きな食べ物 | きょうだい構成《こうせい》 | 血《けつ》えき型《がた》 | 住んでいるところ |
| 昨日《きのう》したこと | 行ってみたい場所 | 昨日《きのう》みた夢《ゆめ》 | 好《す》きなテレビ番組 | 好《す》きなタイプ |
| 好《す》きな芸能人《げいのうじん》 | 好《す》きなキャラクター | 好《す》きなおやつ | もしも男(女)だったら | きらいな食べ物 |
| 自分を動物にたとえると？ | 好《す》きな本 | 好《す》きな色 | 習い事 | はまっているお笑《わら》い芸人《げいにん》 |
| 好《す》きな教科 | いま一番ほしいもの | 好《す》きな季節《きせつ》 | 将来《しょうらい》の夢《ゆめ》 | 好《す》きな先生 |
| | | | | |

わぁー一緒《いっしょ》だね！

オレもオレも！

へー！そうなんだ

### 高濱語録《たかはまごろく》

本当に頭のよい人とは、
相手を幸せにすることができる人のことです。

ボクは、ほしいものを我慢《がまん》しているのに、なんで弟だけ買ってもらえるの？
いつも「お兄ちゃんなんだから」って我慢《がまん》しなきゃいけないことばかり
悪いのは、妹なのに……

ケンカすると弟はすぐ泣《な》いて、自分はしかられる。泣《な》けばいいってもんじゃないよね
おばあちゃんもおじいちゃんも、妹や弟のワガママをなぜ聞いてあげるの？

# Q どうして弟や妹はワガママなのですか？

A

ぼくにも弟がいるから、キミの気持ちがよくわかるよ。

弟は、ぼくが持っているものを何でも「貸《か》して!!」って横取りしたり、ぼくは自分の友だちと遊びたいのに、なぜか弟まで入ってきたり……。

それでイヤイヤやっていると、親から「お兄ちゃんなんだから……」と、チクリとやられる……。

自分は買ってほしくても、それが言えずに我慢《がまん》しているのに、弟は、「あれ、買って!」「これ、買って!」とワガママを言いたい放題。おじいちゃんやおばあちゃんは、「ほしいの？　買ってあげるよ」と本当に買っちゃうこともあるから、まいっちゃうよね。

弟に「ぼくだってほしいのに我慢《がまん》しているんだから、少しは我慢《がまん》しろよ!」って思うこともあったよ。

あのころは、「お兄ちゃんって損《そん》だな〜」「弟ばかり、ずるいな〜」「弟なんて、いらないのに……」って思ってたなぁ。

でも、だからといって、本当に弟がいなかったとしたら、それはそれはつまらない生活だっただろうなぁと思う。テレビを見て、ガハガハ一緒《いっしょ》に笑《わら》いあう相手も、おやつやごはんを取りあう相手も、もちろんケンカする相手もいないいんだからね。

ぼくも、弟とはよーくケンカをしていた。

とっくみあい、なぐりあいなんていつものこと。そのうちどんどんエスカレートしていって、弟が包丁《ほうちょう》をもって追いかけてくると、ピリオド、というような争《あらそ》いをたくさんしてきたよ。

いま思うと、弟とは本気でぶつかりあってきた。

だからこそ、「これ以上《いじょう》やるとさすがにまずいな」とか「これくらいで収《おさ》めておかないと、後々厄介《やっかい》なことになるぞ」といった、人と人との付《つ》きあいのバランス感覚《かんかく》が身についたのかもしれない。

キミも我慢《がまん》している間に、「こういうことをされると、人は腹《はら》が立つんだな」ということをまさに学習しているしね。

キミには、きょうだいゲンカをしつつも、「弟はこんなふうに成《せい》長《ちょう》してきたな」「どういうふうに言ってあげれば、自分の間違《まちが》いに気がつくかな」って、親と近い立場で、弟や妹を育てていくつもりでいてほしい。

将来《しょうらい》、大人になると、男ってどうしてもカッコつけたがる生きものだから、たとえ友だち同士《どうし》だとしても、本音で話せなかったりする。「仕事で失敗《しっぱい》してさー」っていうことは、ぼくもなかなか友だちには言えないよ。

そういう意味で、きょうだい同士《どうし》って、一番腹《はら》を割《わ》って話すことができる最高《さいこう》の関係《かんけい》なんだ。何を話しても、関係《かんけい》が切れないっていう安心感もあるしね。

将来《しょうらい》、自分のよき仲間《なかま》になってくれるヤツ。そして、ずっと死ぬまでよき仲間《なかま》でいつづけてくれるヤツ。

きょうだいが、そんなすてきな仲間《なかま》になってくれるよう、ぜひいまから育ててあげてください。

キミときょうだいが、これからもずっとよき関係《かんけい》でいられますように。

# キミはどう思ってる?

いつも新しいものを買ってもらえる?

姉、兄でよかったなと思うこと

1. 
2. 
3. 

留守番《るすばん》がさみしくない?

きょうだいがいてよかったなと思うこと

1. 
2. 
3. 

遊び相手がいることかなぁ?

お兄ちゃんよりはしかられないこと？

いつもお母さんをひとりじめ？

妹、弟でよかったなと思うこと

1. 

2. 

3. 

ひとりっ子でよかったなと思うこと

1. 

2. 

3. 

一緒《いっしょ》に旅行に行ってみたい？

お姉ちゃんとショッピングに行ってみたい？

大人になったらきょうだいと一緒《いっしょ》にしたいこと

1. 

2. 

3. 

## こんな本もあるよ！

『ピーターのいす』E＝ジャック＝キーツ作・絵、木島始訳《やく》／偕成社《かいせいしゃ》

『おたんじょうびのひ』中川ひろたか文、長谷川義史《はせがわよしふみ》絵／朔北社《さくほくしゃ》

『まほうの夏』藤原一枝《ふじわらかずえ》作、はたこうしろう作・絵／岩崎書店《いわさきしょてん》

「勉強しなさい！」って
毎日言われるけど……
将来《しょうらい》の夢《ゆめ》をかなえるためには、どうしたらいいのかな？
大人になったら、とにかく幸せになりたい！！
大人を見ていても、なんだか幸せじゃないみたい……
勉強って面倒《めんどう》くさい。なぜやらなきゃいけないの？

## Q 勉強をすれば、幸せな大人になれますか？

# 勉強をすれば、幸せな大人になれますか？

結論《けつろん》から言おう。勉強をしたからといって、必《かなら》ずしも幸せな大人になれるとは限《かぎ》らない。

でも、幸せな大人は、必《かなら》ずよく勉強をしている。

確《たし》かに、勉強していて「これを知らなくても、生きていけるよ」「将来《しょうらい》、これがどう役に立つのかわからない」って思うことはあると思う。いまは、計算ができなくても「電卓《でんたく》」を使えば正確《せいかく》な答えは出るし、わからないことがあればインターネットで検索《けんさく》すればいい。

では、どうして「勉強」ってするのだろう？

一度、キミに考えてみてほしい。

ぼくは、「勉強」って、よりよく生きていくための習慣《しゅうかん》や考え方を鍛《きた》えるものだと思う。

ここでいう「勉強」とは、学校での勉強だけじゃない。

現状《げんじょう》に満足《まんぞく》することなく、次にどうしたらよいのか考える。そして、必要《ひつよう》な知識《ちしき》や技術《ぎじゅつ》を身につけ、よりよくしていくために改善《かいぜん》をしつづけるということ。

たとえば、キミがスーパーで働《はたら》いていたとしよう。最近《さいきん》あまり売上《うりあげ》がよくない。でも「あぁ～、最近売上《さいきんうりあげ》がよくないなぁ」って嘆《なげ》いているだけでは、何も変《か》わらないよね。「毎日の売上《うりあげ》を見てみると、雨が降《ふ》っている日の売上《うりあげ》が悪いな。それならば、雨の日にもお客さんに来てもらえるように、何かイベントをしてみようかな」

「お菓子《かし》の売上《うりあげ》が落ちてきているな。お菓子《かし》売り場を少し広げて、並《なら》べ方を変《か》えてみようかな」

こんなふうに、いまがどうなっているのか分析《ぶんせき》して、次の一手を考え、行動しつづけることが必要《ひつよう》だ。

将来《しょうらい》、結婚《けっこん》して、外で働《はたら》かなくなったとしても、「どうすれば、栄養《えいよう》バランスのよい料理《りょうり》が作れるのかな」といった知識《ちしき》や「将来《しょうらい》、わが子が望《のぞ》む学校に行かせてあげられるように、どうやって家計を切りもりしていこうかな」といった将来設計《しょうらいせっけい》、そうじや裁縫《さいほう》の仕方など、家族が元気に、快適《かいてき》に過《す》ごせるように、日々いろいろなことを学んでいくのは必要《ひつよう》だからね。

しかも、これからの世の中は、予測《よそく》ができないほど、目まぐるしく変《か》わっていく。そんななか、いつまでも「いまの自分にできることだけをやって生きていく」ということは絶対《ぜったい》にできない。いまの世の中に求《もと》められていること、必要《ひつよう》とされていることに応《おう》じて、自分をステップアップさせていくことはとても大切だからね。

つまり、「学びつづける」という姿勢《しせい》は、幸せに生きていくために必要《ひつよう》なこと。

だからこそ、「勉強は嫌《きら》い」と言って自分から壁《かべ》をつくる前に、一度本気でやってみてほしい。勉強のもつおもしろさは、勉強がわかってきたころにつかめることが多いからね。

特《とく》に、小学校で学ぶことは、どれひとつとっても、将来必要《しょうらいひつよう》なことばかり。

将来《しょうらい》、社会で勝負するときに、「こんなことも知らないのか……」「こんな漢字も書けないの？」「この言葉の使い方、違《ちが》うんだけど」って、信用《しんよう》が得《え》られなかったり、軽《かろ》んじられたりしたら、悔《くや》しいだろう？

だから、将来《しょうらい》自分がやりたいことを自由にできるようになるための貯金《ちょきん》をしているんだと思って、懸命《けんめい》に学んでください。

ぼくのまわりの、いわゆる「成功《せいこう》」している人でさえ、「もうちょっとちゃんと勉強しておけばよかったな」って言っている。それが現実《げんじつ》。

さぁ、キミは明日から、どういう気持ちで学校に行く？ どういう気持ちで授業《じゅぎょう》を受ける？

## ミッション1

お母さん？

お父さん？

キミのまわりにいる「幸せな大人」とは？

近所のおじさん？

となりのおばあちゃん？

習い事のコーチ？ 先生？

## ミッション2

その人にインタビューしてみよう！

どうして勉強ってしなきゃいけないの？

幸せな大人になるにはどうしたらいいの？

## ミッション3

キミはどんな大人になりたいのかな？
具体的《ぐたいてき》に想像《そうぞう》して書いてみよう！

（　　）歳《さい》のころ
私《わたし》は（ どこ ）で
（　　　　　　）
をして、キラキラ輝《かがや》いています。

（　　）歳《さい》のころ
にはついに大成功《だいせいこう》！
（　　　　　　）
について
インタビューを受けることになりました。

## 大成功したキミがインタビューを受けることに。どう答える？

自分の名前を書いてね！……▶（　　　　　）記者会見!!

お父さん、
毎日家に帰ってから
ゴロゴロしてばっかり。
働《はたら》くのって、本当に
楽しいのかな
まわりの大人を見て
いても、何だか
楽しくなさそう。
大人になるって、
楽しいことなのかな

将来《しょうらい》の夢《ゆめ》が
決まらない……
どんな仕事があるの？
自分にはどんな仕事
が向いているの？

# Q 「働《はたら》く」ことって、楽しいの？

A

将来《しょうらい》の夢《ゆめ》はあるけれど、身近な大人たちを見ていると、大人になることが楽しそうには思えない。お父さんやお母さんも、仕事から帰ってくると疲《つか》れはてていて、「働《はたら》く」ってしんどいことなのかなって思ってしまうよね。

確《たし》かに、家でのお父さんやお母さんはぐったりしていることもあるかもしれない。けれど、ちゃんとその理由がある。

それは、外でバリバリ働《はたら》いて、たくさんエネルギーを使っているから。

キミだって、運動会などで全力を出しきった日は、家に帰ったらダラダラしたい気持ちになることもあるだろう？　みんなのお父さん、お母さんもひとりの人間。

家でパワーを充電《じゅうでん》して、また外でみんなのために働《はたら》いてくれている。

家ではダラダラ父さんも、外ではキラキラ輝《かがや》いているんだ。

ちなみにぼくは、働《はたら》くことが楽しくてしょうがない。

ぼくはいま、みんなみたいな小学生に勉強を教えたり、講演会《こうえんかい》でお母さんたちに話をしたりしているけれど、子どもたちが楽しそうに勉強している姿《すがた》を見たり、お母さんたちが笑顔《えがお》になって帰ってくれたりすると、本当に「幸せだなぁ」って思う。

確《たし》かに、睡眠《すいみん》時間が少なくなったり、「大変《たいへん》だな」って思ったりすることもある。

けれど、「もし、この仕事がなくなったら……」って考えると怖《こわ》い。たとえ毎日食べるものがあり、住むところが満《み》たされていたとしても、毎日何もやることがなければ、心は死んでしまうだろう。

つまり、誰《だれ》かに喜《よろこ》んでもらえてこそ、人は本当の意味で「生きる」ことができるということ。

さらに、そんなキミに、より幸せに働《はたら》くためのとっておきのコツをひとつ特別《とくべつ》に伝《つた》えよう。

「誰《だれ》かに喜《よろこ》んでもらえた代償《だいしょう》がお金としてもらえる」ということ、そして、「どんな仕事であったとしても、いい加減《かげん》ではなく、誠実《せいじつ》にやりとげていく」ということ。

「とにかく働《はたら》けばいいんでしょ」「これさえやっておけばいいんでしょ」っていう姿勢《しせい》で働《はたら》いても、幸せにはなれない。

そうではなくて、「もっとお客さんに喜《よろこ》んでもらえるようにするには何をすればいいだろう？」「いまの方法《ほうほう》よりも、もっとお客さんにとって便利《べんり》な方法《ほうほう》って何だろう？」って、仕事をつくりだしていく姿勢《しせい》が大切。

そして、自分がしたくない仕事だって、おもしろくない仕事だって、多少しなくてはならないときがきっと来る。

そんなときに「自分はこんなことをするために働《はたら》いているんじゃ

ありません」ってそっぽを向くんじゃなくて、「じゃあこれを、完《かん》璧《ぺき》に仕上げてみせよう」って、少しきつそうなところで踏《ふ》んばりぬく。

そうすると、力がついてきて、自分の将来《しょうらい》が広がっていく。何やったって食っていける、という自信《じしん》へと変《か》わっていく。

つまり、働《はたら》くことを楽しむために、「やるべきことはやりぬく」ということ、そして、自分が生みだした仕事でみんなに喜《よろこ》んでもらい、また次の新しい仕事を生みだしていく。

そうやって働《はたら》くことを楽しめるようになることが、人生を楽しく生きぬくコツだとぼくは思っているよ。

自分がいま、興味《きょうみ》が
ある職業《しょくぎょう》は？

# たくさんの
# できている。

ミッション

家族や身近な人が
働《はたら》いている現場《げんば》を
見学させてもらおう！

何を感じた？

# 世界は仕事で

「下足番を命じられたら、
日本一の下足番になってみろ。
そうしたら、誰《だれ》も君を下足番に
しておかぬ」小林一三《こばやしいちぞう》

どういう意味だと思う？

## こんな言葉、あんな言葉

「私はよく人から成功する秘訣を教えてほしいとか、
どうすれば夢を実現することができるかと尋ねられます。
その答えは「自分でやってみる」ことです。」

『ウォルト・ディズニー　夢をかなえる100の言葉』／ぴあ

「今この一秒の集積が一日となり、
その一日の積み重ねが、一週間、一ヵ月、一年、
そしてその人の一生となっていくのです。」

『働き方』稲盛和夫／三笠書房

## こんな本もあるよ！

『新13歳《さい》のハローワーク』村上龍《むらかみりゅう》著、はまのゆかイラスト／幻冬舎《げんとうしゃ》

『好奇心《こうきしん》を〝天職《てんしょく》〟に変《か》える空想教室』植松努《うえまつつとむ》／サンクチュアリ出版《しゅっぱん》

『しごとば』鈴木《すずき》のりたけ／ブロンズ新社

いま、
インターネットで
調べれば、何でも
答えが出てくるよ
塾《じゅく》や通信教材《つうしんきょうざい》をやって
いるから、はっきり言って、
学校の授業《じゅぎょう》は全部
わかっているんだけど……
スマホやパソコンの動画で、
先生が勉強を教えてくれる
っていうコマーシャル、
この前見たなぁ

# Q いまはパソコンやタブレットなどで家で勉強ができるので、学校に行く意味がないと思っています。なぜ、学校に行かなきゃいけないのですか？

## なぜ、学校に行かなきゃいけないのですか?

確《たし》かに、ネットで調べれば何でもわかる時代だよね。有名な先生の授業《じゅぎょう》を動画で受けられたり、計算や漢字のトレーニングができるアプリもあったりする。学力をつけるという目的《もくてき》に関《かん》していえば、学校以外《いがい》にもそれができる場所はたくさんあるよね。

家でも勉強はできるのに、どうして学校に行かなくてはいけないのか。

キミは、なぜだと思う?

一度、学校から帰ったら、その日の出来事を思いかえしてみてほしい。

もちろん「算数で、こういうことを勉強したな~」とか「社会のテスト、全然《ぜんぜん》できなかったな……」などと勉強のことで感じていることも多いと思うけれど、「あのとき、あの子がこう言ったのが、おもしろかったな~」「○○くんとケンカしちゃった。明日どうやって謝《あやま》ろうかなぁ」というように人間関係《かんけい》について考えること、反《はん》省《せい》することとって意外と多いと思う。

「あぁ、学んでるなぁ」っていう実感はないと思うけれど、友だち関係《かんけい》で「なやんでいる」っていう経験《けいけん》はないだろうか？

「なやむ」っていうことはまさしく、「考えている」っていうことだからね。あの子と仲《なか》よくするために、どうしたらいいのだろうか、もっとクラスがまとまるためには、どうしたらいいのだろうか、どうやって明日仲直《なかなお》りをしようか、って。

「考える」という経験《けいけん》、それがまさしく人間関係《かんけい》での学び、ということなんだ。

人って、誰《だれ》ひとり同じ人がいないように、本当にいろいろだよね。そういうことをちょっと難《むずか》しい言葉で「多様性《たようせい》」って言うんだけど、だからこそ、何かを一緒《いっしょ》にやっていくときには、必《かなら》ずといっていいほど、ぶつかる。ケンカもするし、クラスのなかでグループで対立することもある。大人の世界だってそうだからね。

でも、多様性《たようせい》を、「大変《たいへん》だなぁ」って思うのではなくて、「こういう考えもあるなんておもしろいじゃん！」「そう来たか〜！」って楽しめるくらいの気持ちがあれば、人生、成功《せいこう》したようなものだよ。それが人間関係《かんけい》の力であり、「社会性《しゃかいせい》」があるということだからね。

これから社会でメシを食っていくためには、こういう力が一番大切だったりする。

では、こんな力をどうやって身につけていくのか。

一番のお勧《すす》めは、中学校や高校で、部活動に入るということ。

部活に入ると、「○○大会で優勝《ゆうしょう》するぞ！」「○○コンクールで、金賞《きんしょう》をとるぞ！」というように、全員の目標《もくひょう》ができる。

目標《もくひょう》ができると、そこに向かっていくなかで、必《かなら》ずといっていいいほど、何か問題やトラブルが起こる。

「あの人が全然《ぜんぜん》練習に来ません！」「あのポジションのアイツがもっと上達《じょうたつ》すれば……」っていうようにね。そういったことを、みんなで乗りこえながら、目標《もくひょう》を達成《たっせい》しようと、がむしゃらに励《はげ》んでいく。

ぼくも、学生時代は野球をやっていたから、「甲子園《こうしえん》に出たい」「もっと球を速く投《な》げられるようになりたい」ってとにかく踏《ふ》んばっていたなぁ。

もちろんそのなかで、先輩《せんぱい》や後輩《こうはい》ともいろいろ衝突《しょうとつ》することもあったけど、そういう大変《たいへん》なことがあったからこそ、つかんだ勝利《しょうり》や上達《じょうたつ》の実感は、本当にうれしかった。

キミにもぜひそういうふうに、人間関係《かんけい》でもまれるなかで、いろいろな力をつけていってほしい。

そういった意味でも、生徒会《せいとかい》の役員や学級委員など、一見「面倒《めんどう》くさいな」と思うようなことも、進んでやったほうがいいよ。

こういったことは「学校」という、集団《しゅうだん》生活の場でしか経験《けいけん》できないこと。

つまり、やったもん勝ち！

キミには、人間的《にんげんてき》に魅力《みりょく》のある人になってもらいたい。

だからこそ、いろいろな人がいる「学校」という場で学ぶことができる人間関係《かんけい》の力をつけていってください。

しかし

学校の外でも学べることはたくさんある。
大切なのは、大《たい》変《へん》だと思うことや未《み》経《けい》験《けん》のことを
まずやってみるということ。

## challenge《チャレンジ》!!

近所の中学校の部活動を
見学させてもらう

家族のために料《りょう》理《り》を
つくってみる

新聞を読んでみる

「知りたい」と思うことを
図書館で思う存《ぞん》分《ぶん》調べてみる

近所のおじいちゃんや
おばあちゃんに
昔の話を聞かせてもらう

## 先輩《せんぱい》からのメッセージ

学校に行くのは、勉強するためだけではないと思います。社会に出てから必要《ひつよう》なのは、勉強だけじゃありません。友人関係《かんけい》をつくる第一歩として、学校には行くのだと思います。

# Let's《レッツ》

ボランティア活動に参加《さんか》してみる

おじいちゃん、おばあちゃんの家にひとりで行ってみる

こんな人になりたい！という大人を見つける

道に落ちているゴミを拾ってみる

1日電車の旅を計画してみる

## 高濱語録《たかはまごろく》

大切なことは
「行動して、感じて、考えて、言葉にする」
そのくりかえし。

今日も
お父さんとお母さん、
ケンカしてる……
「ご飯《はん》がいらないなら、
いらないって言って
くれたらいいのに……。
パパの分が無駄《むだ》に
なっちゃったわ」なんて、
私《わたし》に言われても……
お母さんが、
お父さんがいないところで、
また悪口を言ってる。
お父さんのこと、
嫌《きら》いになったのかな？

## Q お父さんとお母さんは好《す》きだから結婚《けっこん》したのに、どうして悪口を言うのですか？

## Q どうして悪口を言うのですか？

A

「お父さん、またこんなことやって！」
「ほんっと、お父さんってゴロゴロしてばっかり。たまには家のこともやってほしいわ」

お母さんがイライラしていることってよくあるよね。
「お父さんは、お母さんに命令《めいれい》してばかり。本当にお母さんのことが好《す》きなのかな？」なんて、心配になることもあるかもしれない。

ぼくが子どものころも、そういうことはよくあったなぁ。父と母がケンカしていたら、このまま離婚《りこん》してしまうんじゃないかって、心配したこともあったし、そういうケンカをしているときって、家のなかがどよ～んって沈《しず》んでしまって、心が苦しくなってしまうよね。

お父さんとお母さんって、好《す》きだから結婚《けっこん》したのに、どうして悪口を言うんだろう。悪口を言っているっていうことは、もう好《す》きじゃなくなったのかな、なんて思うこともあったよ。

でも、ここでキミに覚《おぼ》えておいてほしいことは、お父さんもお母さんも、決してお互《たが》いのことが嫌《きら》いになったから悪口を言っているわけではないということ。

むしろ、よりよい家族になっていこうと思っているからこそ、悪口や文句《もんく》も出てしまうんだ。

学校でのことを想像《そうぞう》してみよう。

よそのクラスであった出来事を聞いても「ふ〜ん」としか思わないけれど、自分のクラスで起こった出来事ならば「それ、どういうこと!?」って思うことも多いし、うれしいことなら自分もうれしい。

逆《ぎゃく》に腹《はら》が立ったら、いても立ってもいられず、ついつい首をつっこんでしまうこともある。

つまり、自分の身内というか、自分の関《かか》わっているチームのなかで起きていることというのは、その分、「よくしたい」という想《おも》いが大きく、喜怒哀楽《きどあいらく》も大きくなるということ。
だから、お父さんやお母さんがお互《たが》いに悪口を言っていたり、ケンカをしたりしているのも、お互《たが》いに「もっとこうなってほしい」「もっとこうしていきたい」という願《ねが》いの裏返《うらがえ》しだとぼくは思うよ。

それに付《つ》け加《くわ》えて、そもそも生物学的《せいぶつがくてき》には、まったく性質《せいしつ》が異《こと》なる者同士《どうし》がひかれあう、と言われている。

たとえば、急に世界の気候《きこう》が変《か》わって、毎日毎日気温が50度を超《こ》すような灼熱地獄《しゃくねつじごく》の日が続《つづ》いたとしよう。もしも、暑さに弱い二人が夫婦《ふうふ》になっていたとすると、二人とも暑さにやられてしまうかもしれない。そういったときに、もしも夫婦《ふうふ》のうち、ひとりでも暑さに強ければ、そのひとりが生き残《のこ》っていくことができるかもしれない。逆《ぎゃく》に、毎日毎日気温がマイナス20度のような極寒地獄《ごっかんじごく》の日が続《つづ》いたとしても、同じことが言えるよね。

これからも生き残《のこ》り、子孫《しそん》を残《のこ》していく、ということを考えたときに、暑さに強い人間と、寒さに強い人間が夫婦《ふうふ》になる、という組み合わせが一番よい。

つまり、性質《せいしつ》も考え方も逆《ぎゃく》の二人がひかれあって、夫婦《ふうふ》になっていることが多いんだ。

ひとりが暑がりなら、もうひとりが寒がり、ひとりが使ったものを元の場所へ戻《もど》すタイプなら、もうひとりは置きっぱなし……など。「気が合わないいな」と一見見えがちだけど、実はそれが一番相性《あいしょう》がよい組み合わせ。

だからそもそも、考え方が違《ちが》うということは、当たり前なんだよね。

そういう前提《ぜんてい》で、「お父さんは、こういう考え方をするのか」「お母さんは、こういうことは嫌《いや》なんだな」などと、お互《たが》いのことを観《かん》察《さっ》して、学んでいくことが大切。

お互《たが》いにイライラしているよりは、「女の人ってなやみを解決《かいけつ》してあげるのではなくて、まずは話を聞いてあげることが大切なんだな」とか、「男の人って、いつまでもダラダラ話を聞くのがストレスみたい。今日は『10分間話をしてもいい？』って時間を区切ってみようかな」なんていうように、「どうすればうまくいくのか」その改善方法《かいぜんほうほう》を前向きに考えて、試《ため》してみるほうがいい。

だからキミにお勧《すす》めなのは、いまから、「男子」「女子」がどういう「特性《とくせい》」や「特徴《とくちょう》」をもっているのか、試《ため》しながら学んでいくということ。

いまならいっぱい失敗《しっぱい》をしてもいいから、「男子ってこういうことをされると喜《よろこ》ぶんだな」とか「女子ってこういうことをされると嫌《いや》がるんだな」とかたくさん学んでいってほしい。

キミの家族と、キミの将来《しょうらい》の家族が、幸せでいられますように。

## （ ）や「 」に発見したことを書いてみよう

# 男の子の取《とり》扱《あつかい》説《せつ》明《めい》書《しょ》

**よく使う言葉**

「うんこ」「ちんこ」
「すげー！」「　　　　」

**こうされるとうれしい♡**

ほめられるとうれしい！
（　　　　　　）

**こう言われるとうれしい**

「教えて！」「かっこいい！」
「すごーい！」「すてき！」
「さすが！」「　　　　　」

**好《す》きなもの・こと**

1.（　　　　　）
2. ママ
3. カレーライス
4. 虫
5. 動くもの

**きらいなもの・こと**

1.（　　　　　）
2. じっとしていること
3. おふろ

一人ひとり違《ちが》うけれど
似《に》ているところってあるのかな？
ちょっと相手のことを観《かん》察《さつ》してみよう！

**高濱《たかはま》先生からの出題**

「家族」とは
（　　　　）の
ようなもの

（　　）に自分が思いうかべた言葉を入れなさい。

**キミの答え**

# 女の子の取扱説明書《とりあつかいせつめいしょ》

**好《す》きなもの・こと**

1. （　　　　　）
2. かわいらしいもの
3. キャラクター
4. おしゃべり
5. おしゃれ

**よく使う言葉**

「ひみつだよ」「うそー!?」

「キャ〜!!」「　　　　」

**こうされるとうれしい♡**

髪《かみ》を切ったり新しい服を着て行ったりしたときに気づいてもらえるとうれしい!!

（　　　　　）

**きらいなもの・こと**

1. （　　　　　）
2. 虫
3. きたないもの

**こう言われるとうれしい**

「かわいい！」

「どこで買ったの？」

「　　　　　」

## 先輩《せんぱい》の答え

「家族《かぞく》」とは「充電器《じゅうでんき》」のようなもの。嫌《いや》なことがあっても、家族からもらったパワーを蓄《たくわ》えてまたがんばれる。

「家族」とは「空気」のようなもの。当たり前にそこにあるけど、なくなると生きていけない。

## 高濱語録《たかはまごろく》

異性《いせい》から応援《おうえん》される人になろう！

今日も、いじめられた。明日、どうしよう……。いつまで続《つづ》くのかなぁ
うちのクラスにはいじめがある。嫌《いや》だけど……。どうしたらいいかわからない……
いじめに加《くわ》わらないと、自分もいじめられちゃうようで、怖《こわ》くて一緒《いっしょ》にやっちゃう……

自分が楽しければ、
いじめていいよね。
困《こま》っている顔を見ると
何だかおもしろいし
ついついあんなこと
言っちゃった。
とても後悔《こうかい》してる……

## Q いじめとどう付《つ》きあっていったらいいですか？

# いじめられているキミへ

いじめられていると感じているキミ。

とってもつらいね。そんななか、本当によく耐《た》えてがんばっているね。

実は、ぼくも小学生のとき、いじめられていた経験《けいけん》があるんだ。

だから、いじめのつらさはよくわかる。

ぼくは、頭が大きくてね。横から見ると、頭の後ろがボコッて膨《ふく》らんでいて、ついたあだ名が「でこっぱち」。

朝、教室に入ると、みんなが一斉《いっせい》に立ちあがって、「でこっぱち！でこっぱち！」って大合唱《だいがっしょう》。

教室に入らないわけにもいかないから、そんななか、下を向いてトボトボ歩いて自分の席に着く。こんな毎日を送っていたんだ。

いったい、いつまで続《つづ》くのか。

こんなこと、親にばれたらはずかしい。
学校に行きたくない。明日になってほしくない。
そんな気持ちで、川の橋の上から飛《と》びおりてしまおうかと、考えたこともある。
結局《けっきょく》、「いま飛《と》びおりたらお母さんが悲しむ」と思って、踏《ふ》みとどまったけどね。

そんな地獄《じごく》のような日々がパタッと終わったのは、あることがきっかけだった。
生徒会選挙《せいとかいせんきょ》があり、ぼくは思いきって立候補《りっこうほ》してみたんだ。
そして、全校児童《じどう》を前にした演説《えんぜつ》のとき、ふと思いたってこう言ってみた。
「ボクが頭のでっかい、高濱正伸《たかはままさのぶ》で〜す！」と。
そして、横を向いてそれまで嫌《いや》だ嫌《いや》だと思っていた頭をみんなに

見せ、

「脳《のう》みそがたくさんつまっておりま〜す！」と言いきった。

そのとたん、みんな「わぁ〜!!」って笑《わら》ってくれたんだ。

最後《さいご》のとどめは、「どうかよろしくお願《ねが》いしま〜す!!」と礼をしたときに、頭がマイクに当たり「ウワ〜ンワ〜ンワ〜ン」と音が響《ひび》いた。

それを聞いて、またまたみんなが大爆笑《だいばくしょう》してくれた。

それっきり、いじめはピタッとなくなった。

そこからぼくが学んだことは、いじめは「明るい笑《わら》い」には寄《よ》りつかないということ。

「類《るい》は友を呼《よ》ぶ」っていう言葉があるんだけど、「明るい笑《わら》い」のまわりには、「明るい笑《わら》い」が集まってくる。

そして、「自信《じしん》」がある人にも、いじめは寄《よ》りつかない。

自信《じしん》がある人は、強くて凛《りん》としている。菌《きん》を寄《よ》せつけないマスクのように。だから、ソロソロとやってきた「イジワル菌《きん》」も、ツルッと跳《は》ねかえしちゃう。

いじめは、している人たちのほうが、絶対《ぜったい》に悪い。

いじめをする人は、意外と自分に自信《じしん》がなかったり、みんなと一緒《いっしょ》でしか強くなれなかったりと、弱い心の持ち主だったりする。

そう考えると、そんななか必死《ひっし》に耐《た》えて、何とかしたいと考えているキミのほうが、よほど心が鍛《きた》えられている。

だから、そんな残念な人たちのせいで、キミの大切な人生を台無《だいな》しにしてほしくはない。

いまは死ぬほどつらいと思うけれど、いじめが永遠《えいえん》に続《つづ》くことは絶対《ぜったい》にない。

絶対《ぜったい》に終わりは来る。

どうしてもつらければ、逃《に》げちゃってもいいとぼくは思うんだ。

学校だけが、すべてじゃないからね。


そのうえで、もしチャンスがあったら、明るい笑《わら》いに変《か》えてみたり、「やめろよ！」って強く言いきってみたりしてごらん。やられているということは、「気合負けしている」ってことだから苦しいし重たい課題《かだい》かもしれないけれど、やれちゃったあとには、「なぜあんなことで言い返せない自分だったんだろう」って不思議《ふしぎ》に思うくらいになるよ。


そして最後《さいご》に……。キミは決してひとりではない。

家族の他にも、キミの味方が絶対《ぜったい》にいるし、何よりこれから先、多くのすてきな友だちが待っているんだから。

大丈夫《だいじょうぶ》。「毎日が楽しい！」と思える日が、絶対《ぜったい》に来るからね。

## いじめを見ているキミへ

本当はよくないことだとわかっているから、いじめには加《くわ》わらない。

でも、いじめに反対すると、逆《ぎゃく》に自分がいじめられちゃうかもしれないと不安《ふあん》になって、いじめっ子たちと、一緒《いっしょ》に笑《わら》っているキミ。気持ちはわかるが、実は、キミもいじめをしているのと同じだとぼくは思う。

「自分はいじめなんてしていない。ただ見ているだけ」と、逃《に》げているだけ。

本当にダメだと思うなら、「やめろよ！」って言えばいいし、いじめられている子に「大丈夫《だいじょうぶ》？」って近づいてあげればいい。それができなくて、「私《わたし》は知らない」「ボクは関係《かんけい》ない」っていうのは、ちょっと寂《さび》しいと思うな。

確《たし》かに、自分がいじめられたら怖《こわ》い、という気持ちは本当によくわかる。

それなら、自分にできることって本当に何もないか、考えてみよう。

いじめられている子に、誰《だれ》もいないところでもいいから、話しかけたり、手紙を書いてみたり、先生が気づいていないようなら知らせたり、きっと何か行動を起こすことってできると思うんだ。

意外と、いじめている人のなかにも、「本当はおもしろくない」「本当はやりたくないけど……」ってキミのように感じている人はいると思う。

そういう人を見つけることが、第一歩だったりする。

キミのほんの少しの勇気《ゆうき》が、相手にとっては大きな希望《きぼう》になると思う。応援《おうえん》しています。

**1 ぼくからキミへ薦《すす》めたい本**

『百まいのドレス』エレナー・エスティス作、石井桃子《いしいももこ》訳、ルイス・スロボドキン絵／岩波書店
『十字架《じゅうじか》』重松清《しげまつきよし》／講談社《こうだんしゃ》
『しらんぷり』梅田俊作《うめだしゅんさく》、梅田佳子《うめだよしこ》作・絵／ポプラ社

## いじめをしているキミへ

いじめをしているキミへ。そして、自分がしていることは「いじめ」まではいかなくても、相手が嫌《いや》がるであろうことを、わざわざ考えて実行しているキミへ。

キミのために言っておこう。

人が不幸《ふこう》になる姿《すがた》を見て楽しんでいるキミには、本当の幸せは来ないと。

確《たし》かに、人が困《こま》っていたり、人が失敗《しっぱい》している姿《すがた》を楽しんでしまう残酷《ざんこく》な一面も人間は持ちあわせている。「人の不幸は蜜《みつ》の味」という言葉があるようにね。

しかし、ぼくはここでキミのためにあえて言いきっておく。まわりの人を幸せにできるということが、自分自身が幸せになれる一番の道だということを。

人の悪いところを見ている人は、そもそもそういうマイナス面ばかりが見える目になってしまう。

だから、自分のまわりにやってきたチャンスや、幸運の種《たね》といった、プラスのものは見えなくなってしまうんだ。

大人の社会でも、よく週刊誌《しゅうかんし》に「悪口」が書かれているけれど、試《ため》しに読ませてもらってごらん。全然《ぜんぜん》幸せな気持ちにならないでしよ。

それと同じ。

人をからかったり、見下したり、悪口を言ったりするということは、わざわざ自分のレベルを下げているようなもの。そんなんじゃ、せっかくの幸せのチャンスにも気づけなくなっちゃう。そんな大人にはなってほしくない。

どのような理由があろうとも、いじめはいけない。

どうしても許《ゆる》せないことがあるんだったら、一対一で面と向きあって解決《かいけつ》すればいい。

きっと、キミは、いましていることを心の底《そこ》から楽しいとは思っていないはず。

そんなキミには、日記を書くということを勧《すす》めたい。

誰《だれ》にも見せちゃいけない。キミだけの日記だ。

そこに、思ったことや、今日のキミの心の様子を素直《すなお》に書いてごらん。

何かが見えてくるかもしれない。

本当はきれいな心をもっているキミ。大切なことを見抜《みぬ》いて、心を磨《みが》きつづけていってほしい。

本当におもしろいもの、美しいもの、考えるべきことはもっと他にある。

ちょっと引いて、自分自身を見てみよう。いまの自分の心の中を言葉にしてみよう。

まだ、引き返すことはできる。

嫌《いや》な自分が出てきそうになったら、10秒間グッと握《にぎ》りこぶしに力をこめてごらん。

キミが心の底《そこ》から笑《わら》える日が来ることを、ぼくは信《しん》じているよ。

## ❷ぼくからキミへ薦《すす》めたい本

『いじめっ子』ジュディ・ブルーム作、長田敏子《おさだとしこ》訳／偕成社《かいせいしゃ》

『完全版《かんぜんばん》 いじめられている君へ いじめている君へ いじめを見ている君へ』朝日新聞社編《へん》／朝日新聞出版《あさひしんぶんしゅっぱん》

『わたしのいもうと』松谷《まつたに》みよ子《こ》文、味戸ケイコ絵／偕成社《かいせいしゃ》

クラスの人気者の
あの子。
好《す》きな子、
いるのかな？
アイツばっかり
モテていいな。
ボクも女の子に
モテてみたい

どうやったらもっと
モテるのかな？
恥《は》ずかしくて誰《だれ》にも
聞けないけど……
かわいい子が
やっぱり
モテるよね？

## Q モテるには、どうしたらいいですか？

## 女の子へ

クラスで誰《だれ》がかっこいいとか、誰《だれ》が誰《だれ》のことを好《す》きとか、気になってきているころだと思う。

確《たし》かに、自分が好《す》きになった子が、自分のことを好《す》きになってくれて両想《りょうおも》いになることができれば、幸せだ。

でも、そんなことはめったに起こらない。だけど、両想《りょうおも》いにならなくても、ちっともキミのせいではないということを覚《おぼ》えておいてほし

## 男の子へ

ぼくも、子どものころは、とにかくモテたくていろいろ研究していたから、キミの気持ちはとてもよくわかるよ。

「女の子にモテたいな」と思えるキミは、健全《けんぜん》に「男子」として成長《せいちょう》してきている証拠《しょうこ》。

では、どうしたら女の子にモテるか。

ぼくのいままでの経験《けいけん》からすると、モテるタイプというのはいくつ

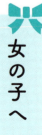

い。ふられても大丈夫《だいじょうぶ》！

もっと他に、キミのことを大切にしてくれるすてきな男の子がいるっていうこと。

でも「恋《こい》をすること」って、本当にすばらしいことだよ。

いがみあうのではなく、誰《だれ》かのことを愛《あい》することができるっていうのは、すばらしいこと。

まずはそれを、キミに伝《つた》えたいな。

そのうえで、「魅力的《みりょくてき》な人」っていうのは、「己《おのれ》を磨《みが》きつづけている人」だとぼくは思う。

人の悪口を言ったり、誰《だれ》かの不《ふ》

かある。たとえば……。

・おもしろい。

・スポーツができる（ぼくの研究上、足が速いというのが最強《さいきょう》）。

・何か誰《だれ》にも負けないものを持っている（勉強でも、スポーツでも、何でも……）。

・よく女子に話しかけている。

お勧《すす》めなのは、女の子のちょっとした変化《へんか》に気がついて、「ねぇねぇ、髪《かみ》の毛、切った？」とか、「そういえば、筆箱変《か》えた？」などと声をどんどんかけていくっていうこと。

幸《こう》を喜《よろこ》んだり、そんな愚痴《ぐち》や不満《ふまん》を言っている人のもとには、幸せは近づいてこない。

「あの子といると、何だか楽しいな」「あの子と話すと、元気になるかも！」

そういう人のまわりに、人は集まってくる。

自分を磨《みが》くためのお勧《すす》めの方法《ほうほう》は、「日記を書く」ということ。

誰《だれ》にも見せない「秘密《ひみつ》の日記」をね。そこに、毎日の自分の気持ちを包《つつ》み隠《かく》さず綴《つづ》ってごらん。

「あのとき、腹《はら》が立った」とか、「先

---

女の子は、「私《わたし》のこと、気にかけてくれてるんだー！」って思うだけで、うれしかったりするからね。

「そうはいっても、もし髪《かみ》の毛を切ってなかったら、はずかしいし……」って不安《ふあん》なキミ。

大丈夫《だいじょうぶ》！　たとえ違《ちが》ったとしても、悪い気は絶対《ぜったい》しないし、それを続《つづ》けていけば、「○○くんって、何かいいかも！」って思ってくれたりする。

つまり、待っているだけではなく、どんどん仕掛《しか》けていくということ。

自分の行動次第《しだい》で、いくらでもモ

生があのときああ言ったけど、私《わたし》は違《ちが》うと思う」というようなことなど、何を書いてもいい。

自分の心にうそをつかず、しっかり言葉にしていくんだ。

それをやりつづけていくと、人としての中身ができてくる。それをやりつづけることで、10年後、20年後に差《さ》が出てくるよ。

そして、女の子に特《とく》に伝《つた》えておきたいのは、「からだのコンプレックス」は気にしなくていいよ、ということ。

いまは、「もっと顔が小さくなりテるようになる、ということをキミには伝《つた》えておくよ。

そして、大事なことは、「己《おのれ》を磨《みが》け」ということ。

どんなに自信《じしん》があっても、どれだけおもしろくても、中身がなくちゃ長続《ながつづ》きしない。

ぼくがよく言っているのは、「行動して、感じて、考えて、言葉にする」ということ。

とにかく経験《けいけん》が大事。そして、その経験《けいけん》から感じたことを考えて、言葉にする。

たい」とか「もっと目をパッチリさせたい」とか、いろいろ「もっとこんなふうになりたいなぁ」という気持ちがあることはわかるけど、そういう外面的《がいめんてき》なことは、まったく関係《かんけい》ないから。

ボクも、頭が大きかったということに加《くわ》えて、中学生のときは、発毛のことをものすごく気にしていたけど、いま思えば、「なんであんなことを気にしていたんだろうなぁ」と思うくらい。

社会に出てから、圧倒的《あっとうてき》に大事なのは内面、つまり中身の実力。

---

言葉にしたものは、誰《だれ》にも見せなくていい。誰《だれ》かに見せるために書いているわけではないからね。

いま、自分はどんなことを感じているのか。どういうことが許《ゆる》せないと思うのか。どういうことをおもしろいと感じるのか。

そういうことが、言葉にしていくなかで見えてくる。

……最後《さいご》に、まだ「好《す》き」とか「恋《こい》」とか、甘《あま》い気持ちが湧《わ》いてきていないキミ。「ボクには全然《ぜんぜん》わからない！」と焦《あせ》る必要《ひつよう》はまったくな中身がぎっしり詰《つ》まった、魅力《みりょく》的《てき》な「モテる」大人になってください。

最後《さいご》に、「男って子どもだな、ガキだな」と思って幻滅《げんめつ》しちゃってるキミ。キミくらいの時期は、女の子のほうが男の子よりも先の道を歩いていることが多い。

男の子がいつか追いついてくる、ということを信《しん》じて、男の子を「育てて」あげてほしい。男がもつ子どもっぽさに幻滅《げんめつ》せず……よろしくね。

い。きっとどこかでそういう気持ちになるときが来るからね。そのときを楽しみに待ちつつ、自分の好きなことに打ちこんでいまを全力で楽しんでいてください。

大切なことは、自分が感じたままを言葉にするということ。
飾《かざ》らず自分の心にうそをつかず、言葉にしてみよう！

○月　△日
今日の五時間目、ゆめちゃんが
ぼくに、「あきらくんって好《す》きな
子はいるの？」って聞いてきた。
ぼくは「いるわけないじゃん、
ブス」って言ってしまったけど、
それからずっと心がムズムズし
ている。
ゆめちゃんはなぜぼくに聞いて
きたのかな？　ぼくのこと、好《す》
きだったりして。

月　日

月
日

月
日

つづきは別《べつ》のノートに書いてみてね！

男子からも女子からも人気があるA。俺《おれ》もあんなふうになってみたい
あいつは友だちがたくさん。それに比《くら》べて俺《おれ》は……

いつも人気者の
Bちゃん。私《わたし》も
Bちゃんみたいに
なれればなぁ
どうやったら、
あのグループに
入れてもらえるん
だろう

## Q クラスの人気者になるにはどうしたらいいですか？

# A

いつもクラスの中心にいて、友だちもまわりにたくさんいる。何だかキラキラして見えて、「毎日が楽しいだろうなぁ」って思う、そんなクラスの人気者。

ぼくが子どものころにもいたなぁ。

いつもクラスの真ん中にいて、その子のひと言が大きな影響力《えいきょうりょく》をもっている。担任《たんにん》の先生なんかも、一目置《いちもくお》いてしまっているような気さえしてた。

いまは、クラスという「社会」のなかでの話だけれど、大人になってもっと広い社会に出ても、そういう「人」は存在《そんざい》する。「人気者」っていう言葉ではなくて、「リーダー」とか「カリスマ」っていう言葉で、人の注目を集めるような人がね。

ぼくは、そういう社会の「リーダー」と呼《よ》ばれる人たちとたくさん付《つ》きあうようになったけれど、そういう人に共通《きょうつう》していることっていくつかあるんだ。

□言葉の力（話していておもしろい。深みがある。まわりの人を言葉で幸せにできる）
□信念《しんねん》・自信《じしん》（どう生きるかについて、自分なりの考えをしっかり持ちあわせている）
□行動力（口先だけでなく行動する。やってみることができる）

将来的《しょうらいてき》には、こういったことを身につけていくということが、社会に出て、多くの人に認《みと》められるようになる秘訣《ひけつ》だったりすると思う。

しかし、ここでキミにひとつ言っておきたいことは、「友だちの数＝人間の価値《かち》」ではまったくないということ。
一見友だちが多そうに見えても、上辺《うわべ》だけの友だちばかりじゃあ、意味がない。本当にキミの幸せを願《ねが》ってくれる人、キミのために泣《な》いてくれる人が何人いるかということが大切だとぼくは思うよ。LINE（ライン）の友だちの数や、フォロワー数がいくら多くたって、それはあくまでもネット上の付《つ》きあいだけのこと。スマホがなくなってしまったときにも、残《のこ》ってくれる友だちが何人いるかっていうことのほうが、大切だと思う。

つまり、見かけだけの「人気者」に惑《まど》わされるな、ということ。友だちは「数」ではなく「質《しつ》」だからね。

真の友だち関係《かんけい》を築《きず》いていくためには、やはりキミ自身の人間性《にんげんせい》が大切。

「切磋琢磨《せっさたくま》」という言葉があるけれど、お互《たが》いが傷《きず》のなめあいや、愚痴《ぐち》の言いあいをするのではなく、夢《ゆめ》を語ったときに、「どうしたら実現《じつげん》するんだろう」「そのために何をしたらいいんだろう」って考えて、高めあえるような人間関係《かんけい》を築《きず》くことができれば最高《さいこう》だね。

# 高《たか》濱《はま》先生との哲《てつ》学《がく》問《もん》答《どう》

自分なりに考えて書いてみよう。

「人気者」って
いったいどういう
人のこと？

友だちがたくさんいるほうが
幸せって、どうしてそう思うの？

## 先輩《せんぱい》からのメッセージ

友だちがキミの思い通りに
ならなくても
やっぱり友だちと
一緒《いっしょ》にいたい？

「人気者になりたい！」って意識《いしき》してしまうと余計《よけい》に難《むずか》しいので、自分に自信《じしん》をもって、どんどん自分を出していけばいいと思います！

元気で明るく、はずかしがらずに友だちに話しかけていけば、その雰囲《ふんい》気《き》に友だちが近寄《ちかよ》って来てくれて、いつの間にか友だちはたくさんできていると思います！

一緒《いっしょ》に
いてくれるなら
誰《だれ》でもいいの？

人気者ってやっぱりおもしろいヤツが多いかな。そいつのひと言でまわりがパァッと明るくなるようなヤツが人気があるよ。

何かひとつでも相手を笑《わら》わせてみようって仕掛《しか》けてみたら？

学校ではよく、「みんな仲《なか》よく」って言われるけど……
自分勝手で意地悪なヤツ。そんな子ともやっぱり仲《なか》よくしなきゃだめ？
正直言うと、「合わない子」っているんだよね

**Q** 「みんな仲《なか》よく」と言うけれど、嫌《きら》いな人とも仲《なか》よくしなくてはいけないの？

## Q 嫌《きら》いな人とも仲《なか》よくしなくてはいけないの？

A

キミには、まず言っておこう。

「嫌《きら》いな人がいる」って言っているうちは、まだまだキミは心が弱いということ。

「嫌《きら》い」と言って、その人と自分との間に「壁《かべ》」をつくって、その人のことを受けつけないように線を引いている。

そうしている間は、自分が危《あぶ》なくなることがないから安心できるのかもしれないが、キミにとっては何の成長《せいちょう》もない。

なぜ、その人のことが「嫌《きら》い」と思うのか。

一度、冷静《れいせい》に言葉にしてごらん。

「ワガママばかり言うところが嫌《きら》い」

「自慢話《じまんばなし》をするところが嫌《きら》い」

いろいろと理由は出てくるだろう。

そうしたら、次に、相手はなぜそういうことをしているのか、一度相手の側《がわ》に立って考えてごらん。

もしかすると、自慢話《じまんばなし》をしないと、誰《だれ》も友だちになってくれない、と思っているのかもしれない。相手をけなして、自分の寂《さび》しい気持ちを紛《まぎ》らわせているのかもしれない。

ここで、いい機会《きかい》だから、キミに知っておいてほしい話がある。

この世の中には残念《ざんねん》ながらいまだに「戦争《せんそう》」がある。戦争《せんそう》というと「正義《せいぎ》」と「悪」の戦《たたか》いだと思われがちだけど、そうではなく、「正義《せいぎ》」と「正義《せいぎ》」の戦《たたか》いだ、と言われることがある。

お互《たが》いが「正しい」と思っていることが違《ちが》う。お互《たが》いが「譲《ゆず》れない」と思っていることがぶつかる。

そして、最悪《さいあく》の結果《けっか》「戦争《せんそう》」という手段《しゅだん》で、どちらの「正義《せいぎ》」が「正しいのか」証明《しょうめい》しようとする……。

つまり、「俺《おれ》のほうが正しいのに」と思っているうちは甘《あま》っちょろいということ。相手には相手の世界観《せかいかん》と美意識《びいしき》（何をよしとするか）があることをわかっていることが大事なんだな。

もちろん、誰《だれ》とでも付《つ》きあう必要《ひつよう》はないとは思う。

しかし、だからといってまったく関《かか》わらなくてよいか、と言われると、それは違《ちが》うと思うんだ。この広い地球上で、出会うことができたんだから、きっとそこには何か理由があるはず。

「嫌《きら》い」と言って排除《はいじょ》するのではなく、相手のほうに自分から少し歩みよってみる。なんでそんな行動をとるのか、考え想像《そうぞう》してみる。

それが大切なことだとぼくは思います。

## なぞペーに挑《ちょう》戦《せん》

この形を「右、左、上、正面」から見ると、どんなふうに見えるかかいてみよう！

上から見ると？

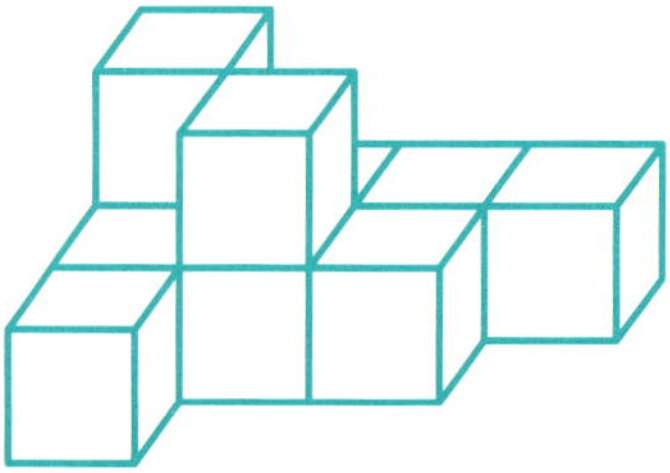

右から見ると？

前から見ると？

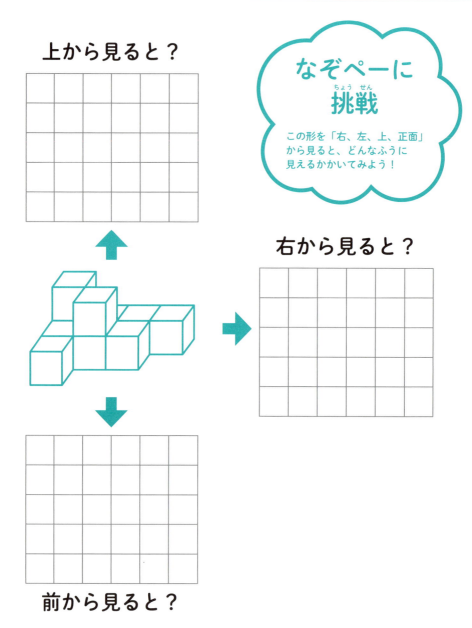

## 先輩《せんぱい》からのメッセージ

私《わたし》には、「意見が合わないな」って思う人はいるけれど、嫌《きら》いと思う人はいまはいません。
「キライ」と言っていると、その人のイヤなところしか目に入らない。
そうではなくて、よいところを見つけていけば、きっと仲《なか》よくやっていけると思います。

同じものでも見る方向によって違《ちが》った見え方になるね

### 左から見ると？

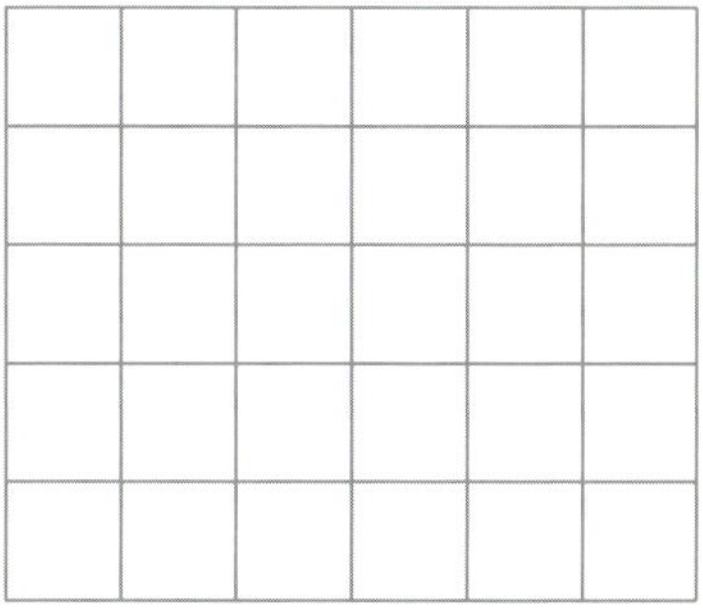

「嫌《きら》い」だと思っていたヤツが意外におもしろいヤツだったってこともある。
自分が知らない相手の面を見つけてやろうって思うと、毎日けっこうおもしろいよ！

**高濱《たかはま》語録《ごろく》**

相手の気持ちを想像《そうぞう》できる人は幸せになれる。

家に帰っても
遊ぶ人がいない。
きょうだいが
いたらなぁ
お兄ちゃんや
お姉ちゃんが
いる人って、
いいよね

ひとりっ子なのですが、きょうだいがいる人がうらやましいです。この気持ちは、どうしたらいいですか？
ボクにも弟や妹がいたらなぁ

## Q なぜ、きょうだいがいる人がうらやましいと思ってしまうのですか？

A

キミはひとりっ子なんだね。

キミの気持ちはよくわかる。きょうだいがいたほうが、いつも遊び相手がいて退屈《たいくつ》しないし、留守番《るすばん》をするときもさみしいことはないだろうしね。

もしかすると、よその家を見て、「あの家族はいいなぁ」「あそこのお母さんみたいなお母さんだったらいいのに」なんて思っているかもしれない。

そんなキミにひとつ、人生をもっともっと楽しくするコツを伝《つた》えておくね。

日本には昔から、「となりの芝生《しばふ》は青い」っていう言葉があるんだ。いくら同じ芝生《しばふ》だったとしても、となりの家の芝生《しばふ》のほうが青々と美しく見えることがある。

しかし、そうやって「となりの家はいいなぁ」ってうらやましがってばかりいても、絶対《ぜったい》にいいことは起こらない。

「あの家族のもとに生まれていたら、もっと幸せになれたのになぁ」

「あのお金持ちの家で生まれていたら、好《す》きなものを何でも買ってもらえたのになぁ」

なんて、指をくわえて妄想《もうそう》していても、現実《げんじつ》の世界が変《か》わることはない。

そうではなく、人生を輝《かがや》かせるコツは、いま自分が置《お》かれている場所で、まわりの仲間《なかま》を幸せにする、という気持ち。「いまの環境《かんきょう》で全力を尽《つ》くす。いまいるこの場所で、自分のまわりの人々を幸せにしてみせる」という考え方が、成功者《せいこうしゃ》の考え方なんだ。

だから、キミには、「家族を、自分が幸せにするぞ」という意気《いき》込《ご》みでいてほしい。

つまり、ないものを願《ねが》うのではなく、自分が与《あた》える側《がわ》にまわるということ。

何も難《むずか》しいことはない。

「今日のご飯《はん》、おいしかったよ！」

「いつも働《はたら》いてくれて、ありがとう！」

こんな言葉ひとつでも、家族を幸せな気持ちにすることはできるからね。それを常《つね》に意識《いしき》しつづけることができれば、キミ自身が間《ま》違《ちが》いなく幸せになることができる。


そして、ひとりっ子のキミに、もうひとつアドバイスを……。

ぜひ、たくさんもまれてください。きょうだいがいれば、毎日ケンカが当たり前。嫌《いや》な思いをしたり、「この辺《へん》で相手を許《ゆる》してあげようかな」と折《お》りあいをつけたり、といった経験《けいけん》を毎日のようにする。

「もめごとは肥《こ》やし」とぼくはよく言っているんだけれど、「もめごと」をたくさん経験《けいけん》して、たくさん解決《かいけつ》していくことが、将来《しょうらい》いろいろな人たちとうまく関係《かんけい》を築《きず》いていくためには、大切なことなんだ。

きょうだいがいないと、どうしてもそういった機会《きかい》は少なくなる。それを自分自身の「成長課題《せいちょうかだい》」ととらえて、意識的《いしきてき》に「もまれに行こう」とすればいい。

たとえば、サマースクール（花まる学習会の野外体験《たいけん》教室）やボーイスカウトなどいろいろな学年の友だちが一緒《いっしょ》に活動《かつどう》する場に飛《ひ》びこみ、同じ部屋で生活をして、ケンカもたくさんする。

そういった外でもまれる経験《けいけん》をたくさんして、どんどん強くなっていってほしい。

高濱語録《たかはまごろく》

ケチくさい人になるな。惜《お》しみなく他人に愛《あい》を与《あた》えよう。

## 家族をハッピーにするために、<br>できたことを毎日１行日記につけてみよう！

| | |
|---|---|
| 3/1 | (例《れい》)「今日のごはんおいしいね！」とお母さんに伝《つた》えた。 |
| ／ | |
| ／ | |
| ／ | |
| ／ | |
| ／ | |
| ／ | |
| ／ | |
| ／ | |
| ／ | |
| ／ | |
| ／ | |

すごい！
３日続《つづ》いたね！

１週間！
どんな気持ち？

これからも
続《つづ》けられるといいね！

キミのハッピークリエイター度テスト！

Yes →
No →

「ありがとう」とまわりの人から言われたり、自分から言ったりすることが多い。

ケンカになりそうなときどう思う？
A「あいつが悪い！」
B「自分に悪いところがあったかも」

人を笑《わら》わせるのが好《す》き！

Ⓐ 自分のやりたいことができれば満足《まんぞく》する。

Ⓑ 友だちのよいところを見つけるのが得意《とくい》だ。

「合わないな」「キライだな…」という人が3人以上《いじょう》いる。

家の手伝《てつだ》いはよくする。

「面倒《めんどう》くさい」と思うことはやらないし、誰《だれ》かにやってもらう。

「どうせ」と言うことが多い。

クラス分けで友人とはなればなれに。
A「最低《さいてい》ー！！」
B「さみしいけどまた友だちをつくろう！」

友人の勝利《しょうり》や幸せを心から「よかった！」と思う。

「もし自分があの子の立場だったら」と考えることがよくある。

人のせいにするのではなく自分自身について振《ふ》りかえってみよう。本当に強い人とは優《やさ》しい人のことだと思います。

自分の現状《げんじょう》に気づけたことが大切な第一歩。自分の幸せは自分でつくるもの。応援《おうえん》しているよ！

Ⓐ 60%
気づいていないところにもっとたくさんの幸せの種《たね》がころがっているはず。まずは友人や家族のよいところもさがしてみよう！

Ⓑ 80%!
あなたと仲よくなりたい！という人はたくさんいるはず。これからも一日一善《ぜん》！ 幸せを広めていってくださいね。

100%!!
あなたはまわりの人を幸せにできる力を持っています。これからもたくさんの人を幸せにしてください。

いつも妹や弟ばかりかわいがられている気がする……
ボクはしかられてばかり。お母さんは妹や弟のほうがきっと好《す》きなんだ

お姉ちゃんは勉強がよくできる。きっとお母さんはそんなお姉ちゃんのほうが好《す》きなんでしょ
いつもお兄ちゃんばかり好《す》きなものを買ってもらって、ひいきされている気がする

## Q お父さんやお母さんは、きょうだいのなかで誰《だれ》が一番かわいいの？

A

この答えは自信《じしん》をもって言えるよ。

キミのご両親は、間違《まちが》いなくキミのことをとってもかわいいと思ってくれているし、全力で愛《あい》してくれている。

もしかすると、妹や弟がいて、「弟や妹のほうがかわいいのかな？」なんて、少し寂《さび》しい気持ちがしているのかもしれない。

けれどそれは、妹や弟がまだ幼《おさな》くて、キミよりちょっぴり余分《よぶん》に手がかかっているだけのこと。本当は、きょうだい関係《かんけい》なく、みんな同じように愛《あい》してくれているよ。


ぼくにも弟がいたから、キミの寂《さび》しい気持ちはよくわかるなぁ。

本当なら、お母さんにべったり甘《あま》えたいし、くっついていたいけれど、弟がいると、遠慮《えんりょ》してそうはできない。

弟がいないときも、急にお母さんに抱《だ》きついたりしたら、「お兄ちゃんでしょ！」なんて言われるんじゃないかって、ちょっと遠慮《えんりょ》しちゃったり。

おじいちゃん、おばあちゃんや近所の人なんかも、小さい弟ばかりを見ているような気がして、「ボクをもっと見てー！」っていう気持ちになったこともあるよ。

でもね、キミが幼《おさな》いときは、同じようにお母さんもお父さんも、おじいちゃんもおばあちゃんも、キミに夢中《むちゅう》でメロメロだったんだよ。

小さいころの動画や写真があれば、見てみてごらん。きっとそう感じると思う。


大人への階段《かいだん》を上りかけているキミにひとつアドバイス。

もちろんご両親に甘《あま》えたいときにはしっかり甘《あま》えていい。

それと同時に、キミには、妹や弟を一緒《いっしょ》に育てるつもりで、ご両親を少し手伝《てつだ》ってあげてほしいんだ。

たとえば、妹や弟の宿題をちょっと見てあげたり、洗濯物《せんたくもの》たたみや、食事の用意や片《かた》づけをしたりなど、ちょっとしたことでもきっとみんなはすごく助かると思うよ。

そして、さらに大人の階段《かいだん》を上っているキミには、もうひとつアドバイス。

「親をいたわる」っていうことも頭の片隅《かたすみ》に入れておくといいと思う。

キミがお母さんに愛《あい》してほしい、認《みと》めてほしい、と思っているのと同じように、お母さんだって、誰《だれ》かに認《みと》めてほしい、と感じている。

だから、お母さんに「これをしてほしい」と願《ねが》うのと同じように、キミがお母さんを「認《みと》める」っていうことも一度やってみてほしい。

「今日のご飯《はん》、おいしいよ!」

「お母さん、家事がんばっているね! 何か手伝《てつだ》おうか?」

そんな言葉で十分。

大好《だいす》きなキミから、そんな言葉をかけてもらったら、お母さんはきっと元気が湧《わ》いて、いま以上《いじょう》に笑顔《えがお》が増《ふ》えると思う。

「お母さんを幸せにするぞ！」

そんな気持ちでお母さんと接《せっ》すると、きっと最高《さいこう》の親子関係《かんけい》を築《きず》いていけると思うよ。

ちょっと昔にタイプスリップ。おうちの人に自分のことをインタビューしてみよう！

自分の名前を書いてね！

新聞

20＿年
＿月　日

○月○日誕生《たんじょう》!!

体重
（　　）g

生まれた日はどんな日だった？

生まれたときどんな気持ちだった？

名前の由来は？

どんな赤ちゃんだった？

初《はじ》めて話した言葉は？

おうちの人からひと言

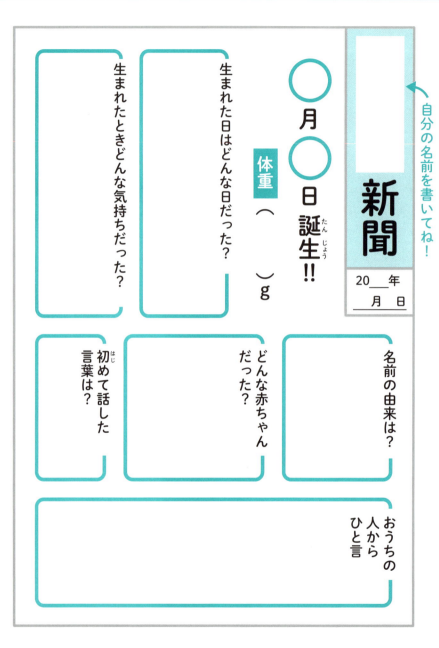

おうちの人にメッセージを書いてもらおう！

お父さんが、
これからの社会は
変《か》わるって言って
いたけど……
いま学校で習って
いることって、
将来《しょうらい》本当に必要《ひつよう》？

計算は
電卓《でんたく》がやってくれるし、
わからないことは、
インターネットで検索《けんさく》すれば
何でも教えて
くれるよね
これからは何でも
ロボットがやって
くれるんでしょ？

## Q 私《わたし》たちが大人になったとき、必要《ひつよう》になる力ってどんな力ですか？

# A

目まぐるしく変《か》わっているいまの時代。

ぼくが子どものころは、携帯電話《けいたいでんわ》なんてなかったし、自動車が自動で運転してくれるなんて、夢《ゆめ》の世界の話だと思っていた。


いま起こっている世界中の出来事が、ネットで配信《はいしん》されて簡単《かんたん》に知ることができる。ボタンひとつで何でも買える。

ロボットが手術《しゅじゅつ》をし、介護《かいご》をしてくれる。わからないことを検索《けんさく》したら、「答え」らしきものがブワァ〜ッと出てくる。

いま「ない」と思われているものが、明日にはもう発明されていたりして、どんどん世の中が移《うつ》りかわっていく。

キミたちが大人になるころには、もっといろいろなことが変《か》わっていて、いま当たり前のことが、そのころには当たり前ではなくなっているかもしれない。

実際《じっさい》、ある人の研究データによれば、キミたちが大人になるころには、いまある仕事の三分の二がなくなっているだろう、と言われている。

たとえば、いまや街《まち》の至《いた》るところにある自動販売機《じどうはんばいき》だって、昔はお店の人が売ってくれていたもの。駅の自動改札機《じどうかいさつき》だって、昔は駅員さんが一枚《まい》一枚切符《まいきっぷ》を切ってくれていた。

人の仕事がどんどん機械《きかい》に代《か》わり、速く、かつ正確《せいかく》に処理《しょり》されるようになってきている。

これからは、さらに多くの仕事がコンピュータや機械《きかい》、ロボットに代《か》わっていくだろう。

それじゃあ、どんな仕事がこれからも残《のこ》っていくんだろう。

誰《だれ》にも負けない専門的《せんもんてき》な知識《ちしき》や技術力《ぎじゅつりょく》なども、もちろん必要《ひつよう》とされるだろう。それに加《くわ》えて、間違《まちが》いなく言いきれるのは、「人間と人間の間にある仕事」がこれからますます求《もと》められていくということだ。

たとえば、人を魅了《みりょう》したり、人を興奮《こうふん》させたり、「あなたから買いたい」と言われたり、そういう仕事はきっと残《のこ》っている。

たとえば、有名なお寿司屋《すしや》さんがあるとする。

仮《かり》に「このお寿司《すし》は、あのお寿司屋《すしや》さんが握《にぎ》ったお寿司《すし》とまったく同じ見た目と味です。機械《きかい》が握《にぎ》ったものですが」と言われて出されたら、キミは食べたいと思うだろうか。

きっと、みんな「あのお寿司屋《すしや》」にわざわざ行って、「あの職人《しょくにん》さん」がその場で握《にぎ》ってくれた「あのお寿司《すし》」を食べたいと思って、わざわざ予約《よやく》してまで行くのではないだろうか。

つまり、「味」以外《いがい》の「何か」を感じとっているんだね。

「0」から「1」を生みだすことは人間にしかできないだろう、と言われている。

逆《ぎゃく》に「1」から「100」に増《ふ》やすことや、処理的《しょりてき》なものに関《かん》しては、コンピュータの得意《とくい》分野だ。

身近な例《れい》でいえば、「こんなものがあるといいな」と発想するのは人間がすること。思いついたものを、形にして、機械《きかい》で大量生産《たいりょうせいさん》していくのは、機械《きかい》やロボットが得意《とくい》なこと。

だからこれから新しい時代を生きていくキミたちに必要《ひつよう》な力は、感性《かんせい》、発想力だとぼくは考えている。

たとえば、ぼくは講演会《こうえんかい》といって、たくさんのお母さんたちの前で話をする機会《きかい》があるのだけれど、お母さんたちの反応《はんのう》によって話す内容《ないよう》を変《か》えている。

少しでもつまらなそうにしている人がいたら「この話は早々に終えて、次はこの話に切《き》り替《か》えてみよう！」と考えているんだ。

機械《きかい》だったらこうはいかないだろう。決まったことを正確《せいかく》に、きっと話しつづける。

つまり、「感じて、発想して、行動に移《うつ》す」、こういうことは、いまのところ人間にしかできないことだと思うんだ。

では、そういった力をどうやって身につけていけばいいのか。

ひとつの答えは、いろいろな経験《けいけん》をし、経験総量《けいけんそうりょう》を上げるということだろう。

相手がどんなことを感じているのか、考えているのか、それを察《さっ》知《ち》するためには、こちら側《がわ》の感性《かんせい》が必要《ひつよう》。そのためには、キミ自身がいろいろな感情《かんじょう》を味わい、知っておく必要《ひつよう》がある。

「正しい」ことが、いつも勝つとは限《かぎ》らない。「正しい」かどうかは、立場によって変《か》わることさえある。

どれだけの人を味方につけることができるか。

どれだけの人から、「キミと一緒《いっしょ》にいると楽しい！　元気が出る！」と言ってもらえるか。

それがきっと、これからの時代を幸せに生きていくためのコツだろう。

どんな時代になっても大切なのは、キミという人間の人間力。

そして、世の中に必要《ひつよう》なものを発想し、実現《じつげん》させることができる思考力と行動力。

こういった力があれば、どんな時代に変《か》わっても自分のポジションをつくれる、「メシの食える大人」になれると思う。

頭でっかちじゃだめ。

どんどん外に出て、たくさん経験《けいけん》して、たくさん感じて、たくさん言葉にして……。

魅力的《みりょくてき》な人間になっていってください。

毎日毎日、
宿題をやらなきゃ
いけない……。
面倒《めんどう》くさいな
将来《しょうらい》の夢《ゆめ》は
あるけど……。
それに向けてがんばれ
って言われても、
やる気が出ないよ

ピアノの練習も
やらなきゃいけない。
もっと遊びたい
のに……
たまには
サボりたいことも
あるよね～

**Q 将来《しょうらい》の夢《ゆめ》はあるけれど、それに向けていまからコツコツ……なんて無理《むり》。面倒《めんどう》くさいこともしないと、夢《ゆめ》はかないませんか？**

A

はっきり言っておこう。

「面倒《めんどう》くさいな」って思っているうちは、まだまだその夢《ゆめ》が半ばだということ。

というか、「面倒《めんどう》くさい」と思っている時点で負け。まだまだ自分の思いがその程度《ていど》だったということ。

たとえば、野球のイチロー選手《せんしゅ》は、小学校の卒業《そつぎょう》文集に「ぼくの夢《ゆめ》は、一流のプロ野球選手《せんしゅ》になることです」と書いている。

そして、そのために子どものころから、毎日素振《すぶ》りの練習をやりつづけた。おそらく1000回、2000回はくだらなかったと思う。そんな「キツイ」練習を、イチロー選手《せんしゅ》はイヤイヤやっていたのだろうか。

ぼくはきっと、夢中《むちゅう》になってやっていたと思うんだ。

イヤイヤやっている人は、夢中《むちゅう》になってやっている人には決してかなわない。

実現《じつげん》したいという「想《おも》い」が強いかどうか。それによって同じことをするにしても、意識《いしき》は変《か》わってくるし、その結果《けっか》も変《か》わってくる。

話のレベルは違《ちが》うが、ぼくも子どものころイチロー選手《せんしゅ》と同じように野球部に入り、練習を積《つ》んでいた。

そして、どうにか速い球を投げられるようになりたいと思い、オフシーズンの冬に、手首の特訓《とっくん》を始めたんだ。

毎日、ちょっとしたすき間の時間や、登下校の時間なんかも、ずっとやりつづけた。おそらく3000回、4000回はやっただろう。「よい型《かた》」を自分のなかに刷《す》りこんだ。

そして、次の年の春。

まわりの仲間《なかま》が「スゲー!!」って驚《おどろ》くぐらい、速い球を投げられるようになったんだ。

「速い球を投げられるようになりたい」っていう強い想《おも》いがあったから、ぼくにとってその特訓《とっくん》は全然《ぜんぜん》苦痛《くつう》ではなかった。

つまり、「やらなければならない面倒《めんどう》くさいこと」っていう意識《いしき》で終わっているうちは、まだまだキミの想《おも》いもそんなもんだということ。

「面倒《めんどう》くさい」と思わなくなったときこそ、キミの想《おも》いが本気だという証《あかし》だろう。

つまり、「目標《もくひょう》や想《おも》いが先」だということ。

「どんな大人になりたいか」

「将来《しょうらい》どんなことをしたいのか」

まだまだ見つからなくてもいい。

しかし、それに出合うことができれば、キミの人生はきっと変《か》わっていくだろう。

目の前のことに一生懸命《いっしょうけんめい》に、そしていろいろな人と出会い、いろいろな経験《けいけん》を積《つ》んでいけば、そういう「何か」に出合う日はきっとやってくる。

応援《おうえん》しているよ。

「〇〇ちゃんって、
本当に偉《えら》いわよね」
って言われても……
「偉《えら》い」かどうか
って、大人が
決めるもの？
誰《だれ》が決めているん
だろう

「偉《えら》いね」って
言われたいなぁ。
でも、「偉《えら》い」って
ホントは
どういうこと？
「弟の面倒《めんどう》をみて
くれて、偉《えら》かったわね」
って、本当はそんなこと
したくなかったん
だけど……

# Q 「偉《えら》い」って何ですか？

A

「○○ちゃんは、本当に偉《えら》いわね」なんていう会話、よく聞くよね。

「偉《えら》い」という言葉を辞書《じしょ》で引くと、こう書いてある（『例解学習《れいかいがくしゅう》国語辞典《こくごじてん》　第八版《だいはっぱん》』小学館）。

①すぐれている。りっぱだ。

②地位が高い。

③たいへん。ひどい。

辞書《じしょ》に書かれている意味でいうとこうなんだけど、実際《じっさい》の生活のなかでは、いろいろな場面で「偉《えら》い」っていう言葉が使われるよね。たとえば、「○○くんって偉《えら》いよね」と大人が言うとき、込《こ》められている意図が違《ちが》うことがある。

ひとつは、「大人の価値観《かちかん》」にぴったり合っているとき。たとえば、家族一緒《いっしょ》に買い物に行ったとしよう。妹は、「このお菓子《かし》がほしい！」ってわんわん泣《な》いている。そんななか、「私《わたし》もほしい」とは言えずにだまっていると、「お姉ちゃんは、ワガママも言わずに偉《えら》いわね」って言われたりする。

これは「迷惑《めいわく》をかけない」っていうことが、おうちの方の価値観《かちかん》とぴったり合っている、ということだよね。

また、誰《だれ》が考えてもその行いはすばらしいというときにも、「偉《えら》い」という言葉を使う。落ちているゴミをさっと拾ったり、電車でお年《とし》寄《よ》りに座席《ざせき》を譲《ゆず》ったり。その行為《こうい》自体が立派《りっぱ》だというときにも使うよね。

ここで、キミにひとつ考えてほしいことがある。

それは、「誰《だれ》かから『あなたは偉《えら》いね』って言ってほしいがために、その行為《こうい》をしていないだろうか」ということ。

たとえば、先生が見ている前だと、廊下《ろうか》に落ちているゴミを拾うのに、誰《だれ》も見ていないときには拾わない、おうちの人と一緒《いっしょ》に電車に乗っているときは、お年寄《としよ》りに席を譲《ゆず》るけれど、ひとりで乗ったときには譲《ゆず》らない。なんてことはないだろうか。

もちろん、誰《だれ》かから「偉《えら》いね！」って言ってもらえるとうれしい。けれども、その行為《こうい》をするかどうか、という判断《はんだん》の基準《きじゅん》が、「誰《だれ》かに偉《えら》いね」って言われたいからか、純粋《じゅんすい》に「自分がそうしたいと感じた」からか、そこが肝心《かんじん》。

もしも、「先生にほめられたいから」とか「親にほめられたいから」という理由だけでよい行いをしているのだとしたら、キミが大人になったとき、どうなってしまうのだろう。

誰《だれ》もほめてくれない。誰《だれ》も認《みと》めてくれない。誰《だれ》も見てくれていない……。そんなとき、キミの心はすごく寂《さび》しいものになってしまうのではないだろうか。

「他の人に認《みと》められたいから」ということがキミの判断《はんだん》の基準《きじゅん》のす

べてになっていないか、ということは、頭の片隅《かたすみ》に入れておいてほしい。

とはいっても、ぼくが高校でバンドを始めたきっかけは「女の子にモテたいから」だった。それでもいまは純粋《じゅんすい》に音楽が好《す》きだからって言いきれるから、きっかけは何だっていいと思う。

「そのことは本当によいことだと思うのか」どうか。

「それは、自分の心に照《て》らしてよいことだと思うのか」どうか。

そう、「基準《きじゅん》」はキミ自身。キミ自身が、感じて、考えて、判断《はんだん》できるような生き方ができるといいね。

## 問題

次の言葉を「偉《えら》い」「偉《えら》くない」に分けてみよう！

①誰《だれ》にでも優《やさ》しくする
②困《こま》っている人を助ける
③ものを盗《ぬす》む
④ケンカをする
⑤反発する
⑥うそをつく
⑦ねたふりをする
⑧家の手《て》伝《つだ》いをする
⑨自分の意見を堂《どう》々《どう》と言う
⑩電車で席を譲《ゆず》る

| 偉《えら》い | 偉《えら》くない |
|---|---|
| | |

なるほど!!　ではこういう状況《じょうきょう》だったらどうかな？

①誰《だれ》にでも優《やさ》しくする

その相手が大どろぼうだったとしても？

③ものを盗《ぬす》む

いま、食べないと死んでしまいそうな人が目の前にいたとしても？

④ケンカをする

大切な人を守るためでも？

⑥うそをつく

自分のためにつくってくれたお菓子《かし》がおいしくなかったとしても？

⑦ねたふりをする

となりでねているお兄ちゃんが布団《ふとん》をかぶって泣《な》いているときには？

⑨自分の意見を堂々《どうどう》と言う

たとえその意見が人を傷《きず》つけるものだったとしても？

つまり、状況《じょうきょう》によって「偉《えら》い」の基準《きじゅん》は変わってくる。
基準《きじゅん》は自分自身のなかにある、ということだね。

〇〇ちゃんみたいに生まれたかったな……。私《わたし》なんてダメなところばかり
「あれもしちゃダメ、これもしちゃダメ……」って。ボクってダメな人間なの？
みんなに比《くら》べて勉強ができない私《わたし》。ダメなところばっかりだ……

## Q 自分を「ダメ」って思う気持ちは、やっぱり「ダメ」ですか？

## 自分を「ダメ」って思う気持ちは、やっぱり「ダメ」ですか？

キミのように、自分のことを真剣《しんけん》に考え、自分をもどかしく感じること。こういう時期が、人にはみんなある。「思春期」といって、子どもから大人へと移《うつ》りかわろうとする、とても大切な時期なんだ。

その時期は、少しずつ「大人の世界」が見えてきて、失望《しつぼう》したり、不安《ふあん》になったり、自分が嫌《いや》になったり……ジェットコースターのように日々気分が上がったり下がったりする。ぼくにも、そういうときがあったなぁ。

ぼくは、その時期が大学生のころにやってきたんだけど、毎日「なぜ自分は生まれてきたんだろう？」とか「どうやったら世界は平和になるんだろう？」とか、ただただなやんでいた。仲間《なかま》たちと、夜が更《ふ》けるまで語りあったこともあったなぁ。

でも、いまから考えると、そうやって掘《ほ》りさげて考えたことって、ちっとも無駄《むだ》にはなっていない。なやんだこと、考えたことすべてが自分の肥《こ》やしとなっているなって感じるんだ。

キミは、自分のことをいまは「ダメ」と思っているかもしれない。

でも、キミは課題《かだい》を乗りこえようとしているし、自分の「なんか嫌《いや》だな」という感覚《かんかく》に流されず、しっかり言葉にして向きあおうとしている。それが大切なこと。

だから、キミには、「ダメ」と思っていることを乗りこえてほしい。「ダメな自分」をそのままにして嫌《いや》な気分を引きずるのではなく、自分がいま、コンプレックスと思っていることは徹底的《てっていてき》にやって乗りこえたほうがよいと思うんだ。

たとえば、キミが「走るのがおそい」ことがコンプレックスならば、毎日走りこみの練習をすればいい。

キミが「みんなの前で手を挙《あ》げて発表できない」自分を「ダメ」だと思っているのならば、一日一回と決めて、どんなことがあっても必《かなら》ず授業中《じゅぎょうちゅう》発表するようにすればいい。最初《さいしょ》は勇気《ゆうき》もエネルギーもたくさん必要《ひつよう》だと思うけれど、毎日続《つづ》けていくうちに少しずつ慣《な》れてきて、それが「当たり前」になる。そうやって、少しずつ乗りこえていけばいい。

キミは、自分の「ちゃんと生きていない感じ」を、きちんと言葉にできている。

大丈夫《だいじょうぶ》。目をそらさずに、課題《かだい》として言葉にしているんだもの。そんなキミなら、きっといまの自分を超《こ》えていけるだけの成長《せいちょう》をしていけるだろう。

きっと乗りこえられると信《しん》じています。

**1** いま、「私《わたし》ってここがダメだなぁ」「ボク、これが苦手かも」って思っていることを書き出してみよう！

**例《れい》**

漢字テストで
100 点がとれない。

**3** **2**の姿《すがた》になるために何をする？
具《ぐ》体《たい》的《てき》に書いてみよう！

・毎日の宿題を集中してやる
・テスト前日に復習《ふくしゅう》する

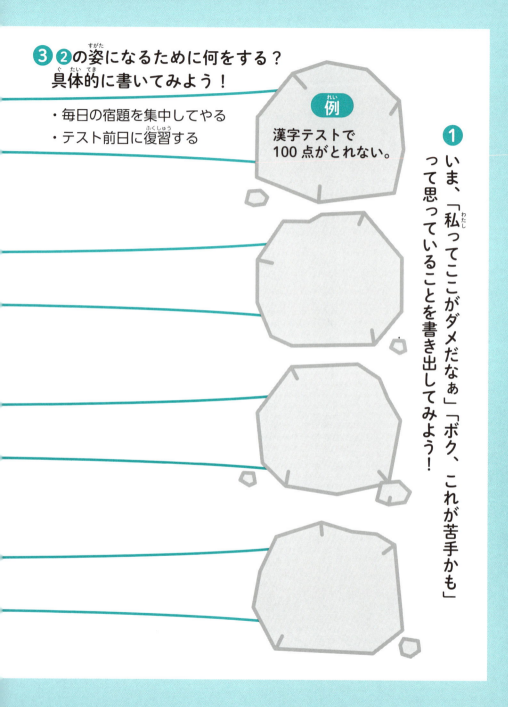

## ② ①で書いたことができるようになっている自分ってどんな姿《すがた》？

例《れい》

いつも漢字テストで100点をとって喜《よろこ》んでいる。

### 先輩《せんぱい》からのメッセージ

「失敗《しっぱい》したらどうしよう」「本当にこれでいいの？」って不安《ふあん》になることもあると思います。実際《じっさい》、私《わたし》もそうです。でも、あとから考えると、失敗《しっぱい》したということは、それが間違《まち》いだったということが自分自身でよくわかり、また、別《べつ》の方法《ほうほう》を、道を考えるチャンスだと思っています。「ピンチはチャンス！」といいますが、「失敗《しっぱい》＝間違《まちが》い＝問題点」ととらえず、「失敗《しっぱい》＝改良《かいりょう》しなさい」というシグナル、サインだと考えていれば、何も怖《こわ》がることはないし、その失敗《しっぱい》が大きければ大きいほど、解決《かいけつ》したときの喜《よろこ》びは大きいと思います。

私《わたし》も失敗《しっぱい》したからこそ学べたこと、新しい発見を見つけてきました。だから、私《わたし》はいままでは失敗《しっぱい》は小さな成功《せいこう》だと思うようにし、小さな成功《せいこう》を積《つ》みかさねていけば、大きな成功《せいこう》につながるからと、自分で自分を励《はげ》ましています。

### 高濱語録《たかはまごろく》

**失敗《しっぱい》は飛躍《ひやく》のチャンス。**

テレビで自殺《じさつ》の話をよく聞くけれど、やっぱり自殺《じさつ》ってダメなこと？
死ぬほど苦しいときもあるじゃん。そんなときってどうしたらいいの？
命は自分のものなんだから、これをどうするか、自分で決めてもいいでしょ？

# Q どうして「自殺《じさつ》」してはいけないの？

A

言いきっておく。

自分の意思で死ぬのは罪《つみ》だ。

この問題は、結局《けっきょく》は「自分で自分の生き方を決めるのは自由なのだから、死ぬのも自由じゃないか」という意見との闘《たたか》いだ。

しかし、ここで考えてみてほしい。

キミが生まれるまでにどのくらいのご先祖《せんぞ》がいたかということを。

キミが生まれる前にはキミの両親がいる。キミの両親にもそれぞれに、また父と母がいる。そして、またその父と母にも、また父や母がいる……。

ということを考えていくと、脈々《みゃくみゃく》と命が受けつがれているなかで、キミという先頭《せんとう》で生きている存在《そんざい》がいるということなんだ。

そのずっと絶《た》たれることのない流れを、自分の意思で絶《た》とうとすることはやはり間違《まちが》っているとぼくは思う。脈々《みゃくみゃく》と流れている命をつなぐ、というのが人間の役割《やくわり》のひとつだと思うんだ。

そして、もうひとつ考えてほしいのは、自分が自殺《じさつ》をしてしまったあとのまわりの家族がどうなるかということ。

特《とく》に家族はズタズタにされてしまう。大切なキミを失《うしな》ってしまったということが、一生のトラウマとなってしまうんだ。

それは罪《つみ》である。

もし、死にたくなるほど嫌《いや》なことがあったとしたら、逃《に》げまわってもいい、転校してもいい。

だから、とにかく命はつないでほしい。

どんなことがあっても、自分の意思で命を絶《た》ってはいけないんだ。

人はみんな大なり小なり落ちこむことはある。

激《はげ》しくなやむこともある。思春期は特《とく》にそういう時期だ。

しかし、いま、自分はそういう時期だと思っておく、ということだけでも大きい。

ぼく自身も「死にたい」と思う時期はあった。

しかし、そういう時期があったからこそ、いまは人生ってこんなに楽しかったんだ、とまわりの景色《けしき》が最高《さいこう》にピカピカ輝《かがや》いているように思えるようになった。

人生、いいことばかりではないけれど、こういう意見をキミの胸《むね》のなかにとどめておいてほしい。

絶対《ぜったい》に自分の意思で命を絶《た》ってはいけないんです。

絶対《ぜったい》に。

自分の都合ばかり考えている先生。ほんっと、尊敬《そんけい》できない！
あれこれ命令《めいれい》ばかりしてくる親。もっと大人になろうよって思っちゃう
ニュースを見ていても、大人の犯罪《はんざい》ばかり……。子どものほうが偉《えら》いじゃん

## Q 「大人はたいしたことがない」、こんなふうに思う私《わたし》はダメですか？

## Q 「大人はたいしたことがない」、こんなふうに思う私《わたし》はダメですか?

A

「大人はたいしたことはない」と思ってしまっているキミに、まずは大人のひとりとして謝《あやま》らせてほしい。そんなふうにしか思わせられなくて申しわけない。ごめんなさい。

「大人のほうが、子どもより偉《えら》い」なんてことは、ぼくもさらさら思っていない。

大人だから、子どもだから……という考えはナンセンスだと思う。どんな年齢《ねんれい》であろうと、よい行いはよいし、やってはいけないことはやってはいけない。

きっと、キミは高いレベルで生きようとしているから、そう思えてしまったのかもしれない。「大人の世界」が見えてきているんだね。そんなキミにひとつアドバイスをするなら、「上を見て生きろ」ということ。

「こんな人になりたい」「こんなふうに生きたい」という人を見つけ、

マネをしていくんだ。「この人の言うことは本当なんだな」と思える大人を見つけてほしい。

そのためには、本を読みあさることをお勧《すす》めする。特《とく》に「古典《こてん》」には、「目標《もくひょう》」と思える人がきっとあふれているよ。


キミには、まわりの大人がつまらない人間のように見えているのかもしれないが、世の中のために働《はたら》いてくれていたり、税金《ぜいきん》を納《おさ》めて社会に貢献《こうけん》していたり、家族が生きていけるようにお金を稼《かせ》いでくれていたりする。

そんなふうに、キミが知らない人生経験《けいけん》を積《つ》み、社会を支《ささ》えてくれているんだ。

「たいしたことはない」って見下したいだろうが、人生そんな甘《あま》いものではない。

人をからかったり、揶揄《やゆ》したりする人は、すてきな人になれない。

そうではなく、「人を幸せにすること」に価値《かち》を置《お》く。「憧《あこが》れ」を大切にしていく。

そういう毎日を送っていると、人を批判《ひはん》する気なんてさらさらなくなってくる。

二度とは戻《もど》ってこないいまのキミの時間。ぜひ将来《しょうらい》のために大切に使ってください。

# こんな本もあるよ！

『十歳《さい》のきみへ
―九十五歳《さい》の
わたしから』
日野原重明《ひのはらしげあき》
冨山房《ふざんぼう》インターナショナル

『エジソン　小学館版《ばん》
学習まんが人物館』
小学館

『イチロー
努力の天才バッター』
高原寿夫《たかはらひさお》
旺文社《おうぶんしゃ》

『レジェンド！
葛西紀明《かさいのりあき》選手《せんしゅ》と
下川《しもかわ》ジャンプ少年団《しょうねんだん》
ものがたり』
城島充《じょうじまみつる》
講談社《こうだんしゃ》

『野口英世《のぐちひでよ》　小学館版《ばん》
学習まんが人物館』
小学館

『日本の給料《きゅうりょう》
&職業図鑑《しょくぎょうずかん》』
給料《きゅうりょう》BANK《バンク》
宝島社《たからじましゃ》

## ミッション

# キミのまわりのカッコいい大人を見つけてみよう！

ターゲット1

(　　　　　　　　)さん

カッコいいポイント！

どうして そう思った？

ターゲット2

(　　　　　　　　)さん

カッコいいポイント！

どうして そう思った？

学校の授業《じゅぎょう》はつまらない。こんなこと勉強して何の役に立つの？
いま、学校で習っていること、ネットで調べればすぐに答えが出てくるよ。何のために勉強ってしているんだろう
勉強しなさいって言われても、やる気が出ないんだよね……

## Q 勉強をする気になりません。どうしたらやる気は出るのですか？

## Q 勉強をする気になりません。どうしたらやる気は出るのですか？

## A

確《たし》かに「これをすれば絶対《ぜったい》にやる気がみなぎってくる」っていうような魔法《まほう》があれば、ほしいよね。

いままで話してきたことをまとめると……「目的《もくてき》が先」だということ。

キミは将来《しょうらい》、どんな人になりたいかな？　どんな仕事につきたいかな？

たろうくんと花子ちゃんの例《れい》で考えてみよう！

「たろうくんの場合」将来《しょうらい》の夢《ゆめ》：「動物が好《す》きだから……獣医《じゅうい》さんになりたい！」

「花子ちゃんの場合」将来《しょうらい》の夢《ゆめ》：「おしゃれが好《す》きだから……ファッションデザイナーになりたい！」

## そのために必要《ひつよう》なことは ← 将来《しょうらい》

### たろうくんの場合

- 獣医師《じゅういし》になるために試験《しけん》に合格《ごうかく》！
- 専門書《せんもんしょ》を読んで勉強するために、国語の力も、もしかすると英語も必要《ひつよう》かもしれない
- 動物の病気を発見するための医学の知識《ちしき》
- かい主さんにわかりやすく説明《せつめい》するために伝《つた》える力…

・
・
・

### 花子ちゃんの場合

- 色やデザインを学ぶための専門書《せんもんしょ》を読む力
- 海外でも活躍《かつやく》するならば、外国語を話す力、読む力
- いまの流行を知る力、流行をつくっていくための、人の気持ちを読む力
- 布地《ぬのじ》について、材料《ざいりょう》についての深い知識《ちしき》…

・
・
・

そのためにいま何が必要《ひつよう》？

キミの人生の未来《みらい》日記を書いてみよう！

# 未来《みらい》日記

キミの未来《みらい》の1日にタイムマシンに乗って行ってみよう！
どんなことをしているかな？　誰《だれ》と一緒《いっしょ》にいるのかな？
想像《そうぞう》して書いてみよう！

キミが20歳《はたち》の　月　日

キミが30歳《さい》の　月　日

キミが40歳《さい》の　月　日

キミの未来《みらい》のために…
いまから何ができるかな？

## こんな本もあるよ！

『ヤモリの指から不思議《ふしぎ》なテープ』石田秀輝《いしだひでき》監修《かんしゅう》、松田素子《まつだもとこ》・江口絵理《えぐちえり》文、西澤真樹子《にしざわまきこ》絵／アリス館

『面白《おもしろ》くて眠《ねむ》れなくなる理科』左巻健男《さまきたけお》／PHP研究所

『りんごのおじさん』竹下文子《たけしたふみこ》作、鈴木《すずき》まもる絵／ハッピーオウル社

『宇宙《うちゅう》兄弟』小山宙哉《こやまちゅうや》／講談社《こうだんしゃ》

## 先輩《せんぱい》からのメッセージ

中学1年生の定期テストで、まったく点数を取れなかった私《わたし》は、毎日コツコツと勉強することの大切さに気がつきました。私《わたし》がやっていてよいと思った勉強法《ほう》は、「五感を使う」ということです。漢字なども、ただ書き写すだけではなくて、声に出して読んだり、その音を聞いたり、漢字のなりたちを体を使ってジェスチャーで覚《おぼ》えたり、とにかく体のいろいろな部分を使って覚《おぼ》えていくと、忘《わす》れなくなります。

## 最後《さいご》の質問《しつもん》は……なし！

自分自身が「不思議《ふしぎ》だな」「おかしいんじゃない？」「これってどういうこと？」「本当にそうなの!?」って疑問《ぎもん》に思っていることを書いて、自分自身で答えてみよう。

人生に正解《せいかい》、不正解《ふせいかい》はない。

自分自身でそのときそのときに判断《はんだん》して、答えを見つけだしていく。そのくりかえしなんだ。

わからなくなったら友だちや先生、おうちの人、近くの大人に聞いてみてもいい。

でも、キミの人生なのだから、最後《さいご》は自分で自分の答えを見つけだしていくんだ。

キミの人生がたくさん考えたあとが残《のこ》っている味わい深い人生になりますように……。

**高濱正伸（たかはま まさのぶ）**

テレビ「情熱大陸」「カンブリア宮殿」「ソロモン流」、朝日新聞土曜版「be」、雑誌「AERA with Kids」などに登場している、熱血先生。

保護者などを対象にした年間130回をこなす講演には、“追っかけママ”もいるほどの人気ぶり。

1959年熊本県生まれ。東京大学・同大学院修士課程修了。1993年、「数理的思考力」「国語力」「野外体験」を重視した、小学校低学年向けの学習教室「花まる学習会」を設立。算数オリンピック委員会理事。CS放送で「中学生のための数学教室」を担当。

著書に『13歳のキミへ』『だれもが直面することだけど人には言えない中学生の悩みごと』『中学生　中間・期末テストの勉強法』『中学生　高校入試のパーフェクト準備と勉強法』（以上、実務教育出版）などがある。

**◉編集協力／樫本衣里**

小学生
**タカハマ先生のなやみの不思議**
**なやむほど強くなれるのはなぜ？**

2018年7月31日　初版第1刷発行

著　者　高濱正伸
発行者　小山隆之
発行所　株式会社 実務教育出版
163-8671　東京都新宿区新宿 1-1-12
電話　03-3355-1812（編集）　03-3355-1951（販売）
振替　00160-0-78270

印刷／日本制作センター　　製本／東京美術紙工


ISBN978-4-7889-1453-7　C0037

## この一冊でキミの成績が上がる！　５万部突破！

# 中学生　中間・期末テストの勉強法

高濱正伸・大塚剛史【著】

[ISBN978-4-7889-1082-9]

点数が上がる教科書の読み方・ノートの取り方、暗記の裏ワザ、テスト３週間前のスケジュールなど内容盛りだくさん！まずは、ざっと最後まで読んでみよう（マンガだけでもOK）。そして、自分にもマネできそうなことをひとつだけやってみよう。その積み重ねで、テストの結果が変わり、キミも変わる！

## この一冊でキミは高校受験に勝つ！　２万部突破！

# 中学生　高校入試のパーフェクト準備と勉強法

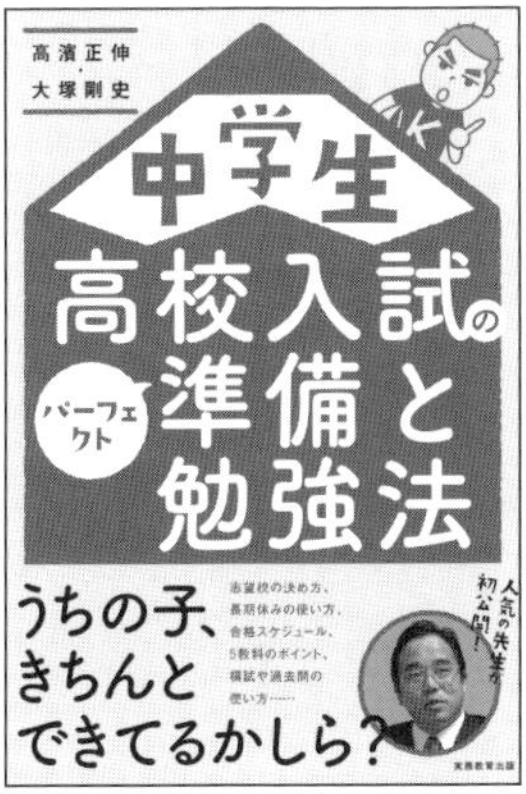


高濱正伸・大塚剛史【著】

[ISBN978-4-7889-1155-0]

本書を読めば、「受験とは何なのか」「受験に向けての心構え」「志望校の決め方」といった準備段階の大切な話から、英語・数学・国語・社会・理科の具体的な勉強法、長期休みの使い方、合格スケジュール、模試や過去問の使い方、そして自分自身の鍛え方といったことまでよくわかります。

実務教育出版の本